Ética das religiões

EDITORA intersaberes

O selo DIALÓGICA da Editora InterSaberes faz referência às publicações que privilegiam uma linguagem na qual o autor dialoga com o leitor por meio de recursos textuais e visuais, o que torna o conteúdo muito mais dinâmico. São livros que criam um ambiente de interação com o leitor – seu universo cultural, social e de elaboração de conhecimentos –, possibilitando um real processo de interlocução para que a comunicação se efetive.

Ética das religiões

Willibaldo Ruppenthal Neto

Rua Clara Vendramin, 58 | Mossunguê | CEP 81200-170 | Curitiba | PR | Brasil
Fone: (41) 2106-4170 | www.intersaberes.com | editora@editorainsaberes.com.br

Conselho editorial Dr. Ivo José Both (presidente) | Dr.ª Elena Godoy | Dr. Neri dos Santos | Dr. Ulf Gregor Baranow ‖ *Editora-chefe* Lindsay Azambuja ‖ *Gerente editorial* Ariadne Nunes Wenger ‖ *Preparação de originais* Fabrícia E. de Souza ‖ *Edição de texto* Letra & Língua Ltda. - ME | Larissa Carolina de Andrade ‖ *Capa e projeto gráfico* Sílvio Gabriel Spannenberg (*design*) | Ivan Kurmyshov e Amovitania/Shutterstock (imagens) ‖ *Diagramação* Muse design ‖ *Designers responsáveis* Débora Gipiela | Sílvio Gabriel Spannenberg ‖ *Iconografia* Sandra Lopis da Silveira | Regina Claudia Cruz Prestes

Dados Internacionais de Catalogação na Publicação (CIP)
(Câmara Brasileira do Livro, SP, Brasil)

Ruppenthal Neto, Willibaldo
    Ética das religiões/Willibaldo Ruppenthal Neto. (Série Panorama das Ciências da Religião). Curitiba: InterSaberes, 2020.

    Bibliografia.
    ISBN 978-65-5517-761-9

    1. Ciência e ética 2. Ética cristã 3. Igreja – Doutrina bíblica 4. Teologia moral 5. Valores (Ética). I. Título. II. Série.

20-41440   CDD-241

Índices para catálogo sistemático:
1. Ética cristã: Teologia moral   241

Maria Alice Ferreira – Bibliotecária – CRB-8/7964

1ª edição, 2020.

Foi feito o depósito legal.

Informamos que é de inteira responsabilidade do autor a emissão de conceitos.

Nenhuma parte desta publicação poderá ser reproduzida por qualquer meio ou forma sem a prévia autorização da Editora InterSaberes.

A violação dos direitos autorais é crime estabelecido na Lei n. 9.610/1998 e punido pelo art. 184 do Código Penal.

SUMÁRIO

7 | Apresentação
9 | Como aproveitar ao máximo este livro
11 | Introdução

16 | **1 Ética e religião**
19 | 1.1 O que é ética?
25 | 1.2 A religião como uma fonte da moral
30 | 1.3 As religiões, a ética normativa e as virtudes morais
36 | 1.4 Ética e economia das religiões
43 | 1.5 Por uma ética global

52 | **2 O valor da vida humana**
53 | 2.1 A vida humana na Bíblia hebraica
60 | 2.2 A *imago Dei* cristã
65 | 2.3 A vida humana segundo o Islã
68 | 2.4 A questão do suicídio no budismo
71 | 2.5 As implicações éticas do valor da vida

83 | **3 A regra de ouro**
85 | 3.1 O amor ao próximo no judaísmo
90 | 3.2 Jesus e o "novo mandamento"
100 | 3.3 A regra de ouro no Islã
104 | 3.4 A regra de ouro nas religiões orientais
108 | 3.5 A regra de ouro ontem e hoje

118 | **4 Guerra e paz**
120 | 4.1 Israel entre as nações
125 | 4.2 O estandarte da cruz
129 | 4.3 Entendendo a *jihad*
133 | 4.4 Rumo à paz mundial?

143 | **5 Justiça social e direitos**
144 | 5.1 Reis e profetas de Israel
152 | 5.2 O pão nosso de cada dia
159 | 5.3 Justiça e generosidade no Islã
163 | 5.4 O sistema de castas na Índia
171 | 5.5 Por um mundo mais justo

179 | **6 Natureza e meio ambiente**
181 | 6.1 A criação na tradição judaica
186 | 6.2 Novo céu e nova terra
189 | 6.3 A preocupação ambiental do Islã
194 | 6.4 *Ahimsa* e o respeito pela vida
196 | 6.5 A prática ecológica das religiões

203 | Considerações finais
206 | Referências
226 | Bibliografia comentada
229 | Respostas
230 | Sobre o autor

APRESENTAÇÃO

Se considerarmos o número e a intensidade das questões éticas com que cada um de nós se depara no dia a dia, torna-se cada vez mais necessário pensar nos fundamentos que orientam nossas decisões a respeito das questões éticas que, muitas vezes, não somente nos cercam, mas também nos colocam contra a parede.

Nesse sentido, as religiões fornecem uma fundamentação ética resultante de tradições milenares, edificadas sobre palavras sagradas de sabedoria e consolidadas pelas transformações que cada religião, por mais deturpada que possa estar hoje, já realizou em prol da humanidade. Assim, diante dos desafios éticos da atualidade, a religião aparece cada vez mais como uma necessidade, como uma verdadeira fonte para a qual muitos, se percebessem seu valor, correriam imediatamente para saciar a sede de conhecimento que têm.

Neste livro, nossa intenção é trazer à luz o valor das religiões, demonstrando como estas apresentam respostas para questões éticas e fundamentações teológicas que, caso compreendidas, podem servir de base para cada um estabelecer sua própria ética.

Por outro lado, assim como é essencial que as pessoas desafiadas pela ética recorram à religião, também é fundamental que os religiosos e os conhecedores das religiões percebam como estas podem servir para iluminar os problemas éticos. Nesse sentido, cabe ao religioso e conhecedor das religiões considerar a importância de refletir a respeito da ética, uma vez que, nessa esfera, a religião tem conquistado relevância, espaço e voz. É necessário, porém, que esse espaço seja ocupado e que essa voz seja direcionada para que possamos corresponder àquilo que cada religião professa, crê e entende sobre Deus e, talvez principalmente, sobre o próprio ser humano.

Por essa razão, com esta obra, também objetivamos contribuir com aqueles que queiram esclarecer suas crenças e fundamentar suas práticas naquilo que professam como fé, ou ainda com aqueles que estudam as religiões e, por isso, têm a responsabilidade de entender uma verdade que, apesar de importante, é desconhecida ou pelo menos esquecida por muitos: toda religião, naquilo que toca a ética, torna-se assunto de vida e morte, favorecendo a valorização do ser humano ou seu desprezo, a empatia ou o ódio, a guerra ou a paz, a justiça ou a injustiça, a preservação do mundo ou sua destruição.

Esse é o peso que este livro carrega e que buscamos imprimir em cada página, de bom grado convidando você, leitor, a participar desta caminhada e a compartilhar essa carga. Afinal, uma vez que os problemas já existem, somente carregando questões em nossos próprios ombros, transformando problemas mundiais em nossos problemas individuais por meio da reflexão ética, é que poderemos, mesmo que em pequena medida, tornar o mundo um pouco mais leve. Fica o desafio a quem quiser encará-lo.

COMO APROVEITAR AO MÁXIMO ESTE LIVRO

Empregamos nesta obra recursos que visam enriquecer seu aprendizado, facilitar a compreensão dos conteúdos e tornar a leitura mais dinâmica. Conheça a seguir cada uma dessas ferramentas e saiba como estão distribuídas no decorrer deste livro para bem aproveitá-las.

Introdução do capítulo
Logo na abertura do capítulo, informamos os temas de estudo e os objetivos de aprendizagem que serão nele abrangidos, fazendo considerações preliminares sobre as temáticas em foco.

Síntese
Ao final de cada capítulo, relacionamos as principais informações nele abordadas a fim de que você avalie as conclusões a que chegou, confirmando-as ou redefinindo-as.

ATIVIDADES DE AUTOAVALIAÇÃO

1. Na usual distinção entre ética e moral, pode-se [...] ética é:
   a) toda ação bem-intencionada que resulte no bem [...]
   b) o apelo à autoridade e aos sentimentos corre[...] ções de impasse.
   c) a reflexão racional a respeito das ações morai[...]
   d) a prática de ações decorrentes de hábitos e [...] uma sociedade.
   e) o primeiro impulso de qualquer ser humano.

2. Qual perspectiva ética conduz seus adeptos a per[...] imagem divina do ser humano?
   a) Racionalismo.
   b) Intuicionismo.
   c) Pragmatismo.
   d) Relativismo.
   e) Niilismo.

Atividades de autoavaliação
Apresentamos estas questões objetivas para que você verifique o grau de assimilação dos conceitos examinados, motivando-se a progredir em seus estudos.

ATIVIDADES DE APRENDIZAGEM

Questões para reflexão

1. O desrespeito ao próximo, infelizmente, muitas v[...] já na infância, quando se inicia a vida em sociedac[...] dos limites da família. Assim, no ambiente escolar, [...] nas quais muitas vezes desrespeitos são cometido[...] gerando as situações conhecidas hoje como *bullyin*[...] disso, reflita: que atitudes você teve, em sua infâ[...] deriam ser consideradas como desrespeito a out[...] Que desrespeitos você sofreu na infância? Você mar[...] com aquele(s) que desrespeitou ou que lhe desresp[...]

2. Jesus ensinou o amor ao próximo com um exemplc[...] meio da parábola do bom samaritano. De fato, é f[...] amor ao próximo, mas é difícil viver de forma prát[...] amor altruísta, como era proposto por Jesus. Cor[...] reflita sobre sua vida e elenque (se possível) até [...] que você tomou no último mês que podem ser c[...]

Atividades de aprendizagem
Aqui apresentamos questões que aproximam conhecimentos teóricos e práticos a fim de que você analise criticamente determinado assunto.

BIBLIOGRAFIA COMENTAD[...]

GRENZ, S. **A busca da moral**: fundamentos da étic[...] Paulo: Vida, 2006.
  Nesse livro, Grenz demonstra ter tanto um conhecime[...] respeitável quanto um igualável domínio da filosof[...] Ao mesmo tempo, apesar da profundidade dos tem[...] abordar o conteúdo de maneira profunda e simples. D[...] sido professor de Teologia e Ética no Carey Theologica[...] Vancouver, Canadá, desenvolveu a habilidade de tor[...] filosóficas mais palatáveis e compreensíveis por meic[...] práticos e de uma linguagem acessível. Mesmo ass[...] da natureza do assunto, não deixa de ser uma leitur[...]

KAISER JR., W. C. **O cristão e as questões éticas.**[...]

Bibliografia comentada
Nesta seção, comentamos algumas obras de referência para o estudo dos temas examinados ao longo do livro.

INTRODUÇÃO

Ética é um assunto de vital importância. É algo com o qual lidamos cotidianamente em nossas vidas: todos os dias, cada um de nós enfrenta situações nas quais nos deparamos com dilemas éticos e nos perguntamos: *Devo fazer isto? Será que cometerei um erro se realizar tal ação? Quais seriam as consequências se eu fizesse isto ou aquilo?*

Ao mesmo tempo, ética é um assunto que extrapola cada pessoa que se dedica a ela. Não somos os primeiros a nos deparar com problemas éticos, assim como não seremos os últimos a experimentar essas constantes indagações. Trata-se de uma realidade histórica da humanidade, a qual é impossível determinar inclusive seu início.

Contudo, ainda que a ética seja sempre importante, muitas vezes temos a sensação de que sua relevância tem crescido mais nos últimos tempos, e de fato temos razão. A ética era fundamental já na Antiguidade, como podemos notar pelo pensamento de grandes filósofos como Sócrates, Platão e Aristóteles. Nosso tempo, por sua vez, está sendo marcado por algumas novidades que implicam uma transformação da ética para que possa acompanhar a nova situação da própria vida humana. Mas que novidades são essas?

Uma novidade evidente é **a ampliação, a intensificação e a facilidade das informações.** Hoje, com o desenvolvimento da ciência e de sua filha, a tecnologia, estabeleceu-se uma situação vivencial na qual as pessoas podem acessar, divulgar e processar informações de um modo incrível – se nossos antepassados, séculos atrás, ouvissem a respeito da revolução de comunicação e da invenção da internet, dificilmente acreditariam. Com o rádio, a televisão e, principalmente, a internet, foram criadas "pontes" entre as pessoas mais distantes e, também, entre cada pessoa e as mais diversas informações, as quais passam a estar à distância de alguns cliques.

Em razão da mudança tecnológica da relação entre as pessoas e as informações, surge uma intensa sensação de que todos nós estamos sendo sobrecarregados de questões éticas, as quais, sem percebermos ou mesmo termos essa intenção, nos alcançam, cercando-nos de todos os lados. Basta ligar a TV ou acessar a internet que, em instantes, receberemos notícias sobre desastres naturais, crimes e inúmeros outros eventos, que parecem nos cobrar uma posição imediata, abalando a estabilidade emocional de algumas pessoas menos preparadas e tornando muitos daqueles que se julgam preparados pessoas intransigentes e absolutistas.

Assim, a ética se faz essencial na atualidade pelo fato de sermos "atropelados" pela ampliação, pela intensificação e pela facilidade do acesso às informações, por "bombardeios" de histórias que, no fundo, implicam questões éticas. Também nos deparamos com "enxurradas" de situações que, além de nos cobrarem uma posição, parecem abalar nossa identidade e até nossa perspectiva de vida.

Em segundo lugar, tal importância verifica-se em virtude de que muitas perguntas éticas, mesmo que tenham sido feitas e respondidas inúmeras vezes ao longo da história, são agora reformuladas e refeitas diante das novas possibilidades de vida, assim como da maior consciência de suas implicações. Portanto, a segunda razão para o crescimento do valor da ética na atualidade é a **atualização das antigas questões éticas**.

O aborto, por exemplo, não é um problema ético recente. Essa prática era adotada no Império Romano e, por isso, foi discutida pelos primeiros cristãos há cerca de dois mil anos, os quais, tendo em vista a nova perspectiva religiosa, ponderaram o problema ético do aborto com base em uma visão diferente daquela dos pagãos. Hoje, porém, não é uma novidade religiosa, mas tecnológica, que reanima a discussão: com o avanço da medicina, podemos detectar más formações dos fetos, prevendo a possibilidade de complicações não somente para a criança, mas também para a mãe, que, com essas informações, pode passar a considerar de modo diferente a opção do aborto (Grenz, 2006).

Outro exemplo é a eutanásia. Tal como o aborto, a escolha pela morte é uma questão ética desde a Antiguidade, na qual a "boa morte" era uma prática recorrente entre gregos e romanos. No entanto, como bem lembra Grenz (2006, p. 17), "essa discussão antiga, no entanto, tem graves implicações numa época em que a maioria dos óbitos ocorre em hospitais, a população envelhece rapidamente e os políticos enfrentam limitações de verbas para a saúde". Dessa forma, a eutanásia torna-se um problema ético atualizado em virtude da possibilidade de prolongamento da vida decorrente dos avanços da medicina e, também, em razão dos problemas econômicos e sociais que sobrevêm desse prolongamento.

Por fim, podemos indicar como causa do aumento da importância da ética o fato de **surgirem, a cada dia, questões éticas inéditas, nunca antes imaginadas**. Nesse sentido, apesar de o átomo ser objeto de discussão científica desde a Antiguidade, a capacidade de manipulação deste para a geração de energia é algo bastante recente e implica novos problemas éticos. Por esse motivo, episódios nos quais surgem problemas éticos não se restringem, por exemplo, ao uso de armas atômicas, como a destruição das cidades japonesas de Hiroshima e Nagasaki. A própria possessão de armas nucleares se transformou, desde a criação destas, em uma questão que não envolve somente rivalidades bélicas, mas também perspectivas éticas em contraposição.

Desse modo, tanto o uso quanto a posse de armas nucleares remetem a elementos éticos relacionados à religião (teologia) e à própria ética (Cordeiro, 1987), e assim estas se tornaram questões totalmente novas, apesar de estarem relacionadas a um debate antigo, tais como a vida humana, a morte e a guerra. Com a nova tecnologia que é a energia nuclear, surge também um novo campo de reflexão, a ética nuclear, relacionada tanto à ética da energia nuclear (Taebi; Roeser, 2015) quanto à ética das armas de destruição em massa. Essa questão pode demandar, conforme Nye Jr. (1986, p. XII, tradução nossa), "um forte comprometimento moral para evitar a guerra nuclear", do qual derivam novos dilemas éticos quanto à intenção, ao cuidado e à prevenção (Doyle II, 2015). Por sua vez, tais questões podem ser respondidas tanto por perpectivas seculares quanto por perspectivas religiosas (Hashmi; Lee, 2004). Logo, não somente as destruições de Hiroshima e Nagasaki, mas também os acidentes de Chernobil e Fukushima, alertaram a humanidade sobre a urgência da ética nuclear.

Em razão dos três fatores indicados – ampliação, intensificação e facilidade das informações; atualização das antigas questões éticas; surgimento questões éticas inéditas, nunca imaginadas –, a ética hoje não é apenas importante, ela é urgente! Se, antes, a instrução ética podia ajudar as pessoas a lidar com a vida de um modo mais consciente, assim como a viver de forma mais significativa, hoje muitas pessoas estão padecendo e adoecendo emocionalmente por não terem sido preparadas para encarar os desafios éticos, que, cada vez mais, não são opção, mas se apresentam de forma intensa a todos – queiram ou não pensar a respeito.

Quando pensamos a relação entre ética e religião, isso ocorre de modo ainda mais evidente, uma vez que as decisões éticas passam a ser, para além de uma cobrança vivencial, uma cobrança identitária. Por conta disso, não raro, as pessoas, por desconhecerem as relações entre ética e religião, vivem em contradições internas, defendendo posturas e perspectivas éticas que contrariam suas identidades religiosas, formando dentro de si oposições que podem gerar um desconforto e que podem resultar, inclusive, em uma desestruturação emocional, identitária e até mesmo espiritual.

A fim de colaborar em ambos os sentidos – fornecer informações para o preparo intelectual e provocar reflexões para o preparo existencial –, nossa proposta neste livro é analisar a relação entre ética e religião (Capítulo 1) e apresentar diferentes perspectivas religiosas – do judaísmo, do cristianismo, do islamismo, do hinduísmo e do budismo – sobre questões éticas como o valor da vida humana (Capítulo 2), a relação com o outro (Capítulo 3), a guerra e a paz (Capítulo 4), a justiça social e a igualdade (Capítulo 5) e o valor da natureza e do meio ambiente (Capítulo 6).

Para permitir que o leitor seja capacitado a desenvolver suas próprias perspectivas éticas, com base em sua identidade e sua concepção religiosa (ou arreligiosa), abordaremos cada perspectiva de modo vinculado aos seus fundamentos, com o objetivo de demonstrar como podemos recorrer às tradições religiosas para buscar respostas aos dilemas éticos com os quais nos deparamos.

Mais do que um manual de consulta, este livro se configura como um ensino de trajeto, a fim de que cada leitor, em sua vida, saiba identificar, conforme sua identidade religiosa, as implicações éticas desta. Desse modo, poderá viver a integridade de sua religião, de forma eticamente compatível com aquilo em que acredita. Até porque, como bem indicado por Grenz (2006, p. 22), "levar uma vida ética [significa] ter consciência de nossas crenças sobre Deus, sobre nós mesmos e sobre nosso mundo e depois agir com base nessas convicções". Isso vale não somente para cristãos, mas também para pessoas de qualquer religião, ou ainda pessoas sem religião. Afinal, sendo desta, daquela ou de nenhuma religião, temos nossas crenças e, para viver em harmonia com o próximo e com nós mesmos, devemos viver em conformidade com o que acreditamos.

# 1 ÉTICA E RELIGIÃO

Para que tenhamos uma ideia clara da relação entre ética e religião, precisamos considerar dois importantes aspectos. Por um lado, quanto ao potencial inquisidor e opressor dos fundamentalismos religiosos, devemos reconhecer que a religião, como lembra Zinbarg (2002, p. 31), "não tem o monopólio da visão sobre ética e os líderes religiosos não têm o direito de impor as suas opiniões a ninguém".

Não ter uma adesão religiosa específica não faz com que uma pessoa seja **amoral** – alguém que não tem preceito moral algum que direcione sua vida – nem necessariamente **imoral** – alguém cujas ações são opostas à moralidade sob um ponto de vista específico. É o que nos lembrou, por exemplo, a esposa do jornalista Ricardo Boechat, no velório de seu marido: "Meu marido era o ateu que mais praticava o mandamento mais importante de todos, que era o amor ao próximo, porque sempre se preocupou com todo mundo, sempre teve coragem. E é muito difícil fazer o que ele sempre tentou fazer [...]" (Veruska Boechat, citada por Gonçalves, 2019).

Por outro lado, apesar de a ética não ser monopólio da religião, esta pode e deve dar sua palavra sobre questões éticas, uma vez que "as religiões possuem uma longa história de reflexão em assuntos de índole ética" (Zinbarg, 2002, p. 31), tornando os textos sagrados das grandes religiões tão importantes quanto – ou ainda mais importantes que – os textos dos grandes filósofos da história da humanidade. Afinal, apesar de nem todos os filósofos serem religiosos, todos estabeleceram suas reflexões, em grande medida, com base nas tradições religiosas, seja para afirmá-las, seja para contrariá-las, e a influência de tais tradições é maior do que muitos gostariam de admitir.

Mesmo em estudos da ética filosófica, para além da **ética das religiões** tratada neste livro, não devemos deixar de lado o conhecimento das religiões. Até porque é por tal conhecimento que entendemos inúmeras perspectivas éticas, que incluem não somente pensadores religiosos, como Santo Agostinho e São Tomás de Aquino, mas também pensadores ateus e até mesmo antirreligiosos, como Friedrich Nietzsche e Gianni Vattimo, que desenvolvem perspectivas éticas contrárias ao cristianismo, mas que tornam relevante o conhecimento a respeito do cristianismo para a compreensão de suas ideias e suas propostas.

Por meio dessa visão a respeito da relação entre ética e religião, que reconhece a importância da religião, mas não limita a ética a esta, podemos perceber como deve ser a própria postura religiosa sobre a ética, aceitando a pluralidade da humanidade, inclusive a pluralidade das religiões. Assim, ninguém, por mais autoridade que tenha em sua tradição religiosa, tem o direito de afirmar sua opinião como única possibilidade ética. Pastor, padre, bispo, guru, ou mesmo o papa, todos devem reconhecer que sua perspectiva ética, por mais bem baseada ou importante que seja, não é a única possível. Afinal, ainda que o cristianismo, por exemplo, seja a maior religião do mundo, de modo que a palavra do papa pode atingir bilhões de pessoas, essa religião não deixará de ser somente de uma parte da humanidade, que segue os preceitos cristãos.

Do mesmo modo que a perspectiva de uma tradição religiosa e de seus representantes deve ser levada em conta em decisões éticas que tocam as vidas daqueles que seguem tal religião, também, inversamente, os representantes religiosos devem ter uma perspectiva ética que considere aqueles que não estão submetidos às suas religiões. Por exemplo: quando o presidente de uma agência publicitária de Nova Iorque afirma que "A Igreja Católica deve limitar-se à religião e nós à publicidade" (Zinbarg, 2002, p. 30), por conta do uso de material sexual em publicidade feita pelo Pontifício Conselho para as Comunicações Sociais – no texto "Ética da publicidade" (Foley; Pastore, 1997) –, ele está em parte com a razão, uma vez que a Igreja Católica não tem autoridade direta sobre sua vida, porém, perde a razão por não perceber que sua publicidade afeta diretamente a vida de pessoas que creem e seguem a doutrina católica.

Esse exemplo deixa claro que, quando percebemos as implicações da relação entre ética e religião, constatamos que, apesar de a religião não ter a única palavra, ela pode e deve dar sua opinião sobre a ética e tudo que esta toca, incluindo não somente a publicidade, mas também inúmeras outras áreas, como família, arte, moda, mercado, trabalho, medicina, justiça, internet, guerra, consumo, educação, política etc. Afinal, todas essas áreas tocam, de alguma forma, tanto as crenças próprias das religiões quanto as pessoas que professam uma religião.

Desse modo, fica evidente que a visão correta a respeito da relação entre ética e religião exige de nós um reconhecimento preciso da importância da religião na atualidade: levando em conta a maior parte das pessoas, que são religiosas, e também a minoria que, apesar de não se vincular a uma religião, nem por isso deixa de valorizar a ética. No entanto, para compreender a relação entre ética e religião, é essencial ter em mente, de forma clara, o que é, de fato, a própria ética.

1.1 O que é ética?

Etimologicamente, a palavra portuguesa *ética* tem relação com o termo grego *ethica*, vinculado a *etheos*, cujo significado é "o que se relaciona com o caráter" (Grenz, 2006, p. 26). Deriva, porém, segundo Aristóteles, do termo grego *ethos*, que indicava, como bem aponta Marcondes (2017, p. 9), "o conjunto de costumes, hábitos e valores de uma determinada sociedade ou cultura". Portanto, o termo *ética* parece dizer respeito, em sua origem, tanto ao que compreendemos por *caráter* quanto àquilo que entendemos por *costumes*, estando relacionado à consciência (vinculada ao caráter) e à prática (vinculada aos costumes). Há um aspecto duplo e não contraditório da ética entre a consciência e a prática, até porque, como bem afirma Aristóteles (2009, p. 41), "ao praticar, adquirimos o que procuramos aprender", uma vez que "fazer é aprender".

O termo grego *ethica* foi traduzido para o latim pelos romanos, que buscaram desenvolver a reflexão a respeito da ética, mas esse fato acabou culminando em outra palavra da língua portuguesa, *moral*, uma vez que a tradução latina de *ethica* foi o termo latino *mos*, ou *moris*, cujo adjetivo, *moralis*, deu origem a esse novo termo. Assim, como lembra Pondé (2011, p. 57), "originalmente, moral e ética são sinônimos", de modo que ambas as palavras descrevem "o que seriam os hábitos e costumes de um povo, e as normas que os regram e que deles brotam a partir da tradição de comportamento herdado e das discussões que as pessoas estabelecem". Nesse sentido, a *ethica* grega e a *moris* latina referiam-se ao mesmo tempo aos hábitos e costumes de um povo e às discussões que as pessoas estabelecem sobre estes. Ou, em outras palavras, diziam respeito tanto à ação (prática) quanto à reflexão (consciência) na perspectiva aristotélica.

Com o tempo, porém, estabeleceu-se uma distinção que muitos vieram a utilizar, a fim de determinar uma especificação: *ética* e *moral* (ou *moralidade*) passaram a ser diferenciadas, tornando-se termos para duas realidades distintas, que antes formavam dois aspectos de uma mesma coisa. Nessa perspectiva, **moral**, ou moralidade, diz respeito à realidade de ação da *ethica* grega (ou da *moris* latina), ou seja, aos **hábitos e costumes** de que fala Pondé (2011). A fim de distinguir-se da ética, que incorpora o caráter de reflexão da antiga *ethica* grega, a moralidade não se refere à consciência, mas à prática, de modo que pode ser percebida como "uma dimensão de vida, um conjunto difundido de disposições, inclinações, atitudes e hábitos cheios de valor, mas com frequência apenas parcialmente consciente" (Meeks, 1997, p. 12).

Em contrapartida, a **ética** passa a ser o aspecto reflexivo da antiga *ethica*, a reflexão que envolve as discussões que as pessoas estabelecem, como indica Pondé (2011). É, portanto, mais geral e teórica (Grenz, 2006) que a moral, podendo inclusive ser compreendida como um **estudo crítico da moralidade** (De Liberal, 2002), a ponto de ser concebida como a *ciência da moralidade*, segundo o *Oxford English Dictionary*, ou como *filosofia moral* (Grenz, 2006). Assim, a ética pode ser considerada um ramo da filosofia que se estabelece pelo "pensamento filosófico acerca da moralidade, dos problemas morais e dos juízos morais" (Frankena, 1981, p. 16).

Portanto, nessa acepção, a ética é a **moralidade tornada autoconsciente** (Meeks, 1997), a disciplina filosófica específica a respeito dos comportamentos morais, "que busca estabelecer as normas para esses comportamentos de modo reflexivo e racional", como lembra Pondé (2011, p. 57). Desse modo, como bem resume Grenz (2006, p. 26, grifos do original), "a **moralidade** envolve pôr em prática conceitos pessoais tais como os de que a mentira e o assassinato são errados, ao passo que a **ética** implica o estudo das razões que tornam essas práticas imorais".

Contudo, se pensarmos que a moralidade implica a negação de qualquer relação com a reflexão, como o discurso, por exemplo, ou que a ética não diz respeito a qualquer tipo de ação, como a própria escrita, estaremos caindo em um erro. A reflexão, no caso da ética, e a ação, no caso da moral, são afinidades, e não limites absolutos. Mas como podemos perceber, de modo prático, tais limites?

Meeks, em seu livro *As origens da moralidade cristã*, dá um exemplo que esclarece essa distinção: quando os pais de uma criança a veem fazendo algo que julgam ser errado, como jogar lama na cara da irmã, podem simplesmente lhe dizer: *Comporte-se!* Essa ordem não é vazia de sentido, pois "pressupõe que a criança tenha aprendido qual o comportamento que se pede: algum grau de moralidade foi interiorizado" (Meeks, 1997, p. 12). Apela-se, portanto, à moral e não se estabelece uma ética: a criança deve seguir um modelo preestabelecido, o qual ela conhece por lhe ter sido transmitido por seus pais, e que é agora repetido por ela. Eis a moral em ação.

No entanto, se, em vez de *Comporte-se!*, o pai falar: *Pare de jogar lama em sua irmã!*, e a criança perguntar: *Por quê?*, o pai poderá escolher, como resposta, entre um discurso moral e um discurso ético. Se o pai recorrer à autoridade (*Porque eu estou dizendo!*), à tradição (*Não se faz isso!*) ou a um instinto moral (*Como você se sentiria se fizessem isso contigo?*), vai estabelecer um discurso que, apesar de ter certo aspecto reflexivo – como a alteridade decorrente de se pensar como nos sentiríamos sofrendo a mesma ação –, é um discurso moral; caso o pai entenda que o filho merece, requer ou deve ter uma explicação mais elaborada, poderá entrar em um discurso ético, mesmo que em nível rudimentar (Meeks, 1997), tornando o discurso mais próximo da racionalidade do que dos sentimentos ou das tradições. Nem por isso, porém, o discurso deixará de ter, no fundo, uma intenção moral, de ajudar a criança para que esta se torne um agente moral mais consciente de suas ações.

Assim, apesar de a ética se distinguir da moral por ser primariamente reflexiva, não está completamente desassociada desta, até porque nunca deixa de se relacionar com ela, mesmo que tal relação possa ocorrer de diferentes formas. E essas diversas formas pelas quais a ética se relaciona com a moral estão associadas àquilo que os eticistas, ou seja, os estudiosos de ética, costumam apontar como as três principais dimensões da ética, que são os aspectos empírico, normativo e analítico.

A **ética empírica** diz respeito ao aspecto empírico da ética, ou seja, à percepção daquilo que é, normalmente, tido como ético. Por essa razão, é também conhecida como *ética descritiva*, uma vez que envolve, principalmente, a observação e a descrição do processo moral de se tomar decisões. Nesse sentido, da ética descritiva, a antropologia se fez importante, com diversos antropólogos, como Émile Durkheim, Lucien Lévy-Bruhl e Claude Lévi-Strauss, que elencaram os mais diversos costumes, hábitos e até mesmo perspectivas morais dos povos.

Entretanto, há outra ciência que merece menção: a psicologia, que contribuiu – e muito – com a ética, como nas pesquisas de Sigmund Freud ou, ainda, nos estudos de Jean Piaget (1999, p. 20) a respeito da construção do juízo moral na criança, a qual, a princípio, não tem juízo moral algum por não haver "nenhuma diferenciação entre o eu e o mundo exterior", mas que depois desenvolve uma moralidade infantil que, como indica La Taille (2007, p. 96), não se realiza em uma interiorização passiva de valores, mas como o "produto de uma atividade da criança que, em contato com o meio social, ressignifica os valores, os princípios e as regras que lhe são apresentadas". A pesquisa de Piaget (1994), portanto, deixou claro que o juízo moral se constrói em níveis de conhecimento e desenvolvimento.

A **ética normativa**, diferentemente da ética descritiva, não visa somente descrever, mas também afirmar princípios éticos.

É denominada *normativa* por ser baseada nas normas, nas leis que pretendem reger a moral dos homens. Ainda pode ser chamada de *ética prescritiva*, uma vez que prescreve o que cada pessoa deve ou não deve fazer. São prescrições "que incorporam implicitamente uma avaliação e um imperativo" (Grenz, 2006, p. 57), ou seja, um juízo e um direcionamento. Essa ética é, portanto, prescritiva tal como a medicina: objetiva indicar ações a cumprir e a evitar, a fim de possibilitar o que seria a "saúde" moral do paciente. Para além disso, relaciona-se com a medicina pelo fato de existir uma ética médica e um código de ética próprio dessa profissão, assim como de outras categorias profissionais, os quais visam se apresentar como "um conjunto de preceitos que estabelecem e justificam valores e deveres" (Marcondes, 2017, p. 10), nitidamente próprios da ética normativa.

Há, ainda, outros códigos de conduta que regem não somente ações em uma sociedade, mas também o valor de hábitos. Assim, prescrevem-se atitudes baseadas em juízos de valor, os quais, por sua vez, são fundamentados em teorias da obrigação, que podem, inclusive, estar em um limiar entre o ético e o estético. Por exemplo: quando alguém afirma que *A limpeza é vizinha da espiritualidade*, ou ainda que *pessoas más são sujas*, determinam-se alicerces morais para juízos não morais. Afinal, a higiene não é necessariamente uma obrigação moral, mas pode, em contextos específicos, ser associada à moral. Um exemplo disso é a lavagem das mãos antes das refeições, tida como ritual importante pelos fariseus do tempo de Jesus, os quais deram sentido religioso para a prática higiênica. Não é de se estranhar, porém, que tal atitude se apresente em um grupo cuja "lei", a *Torá*, contém leis higiênicas que não se restringem aos animais "impuros", como a obrigação de se cobrir as próprias fezes (Bíblia. Deuteronômio, 2013, 23: 13), valorizando a vida humana como um todo, ultrapassando o que, hoje, entendemos como *moral*.

Por sua vez, a **ética analítica** é, entre as três formas de ética, a mais reflexiva e busca não somente estabelecer uma análise sobre questões éticas, mas também sobre a própria ética, intencionando "desmontar" a ética (Grenz, 2006), a fim de evidenciar sua essência e seus princípios elementares. Nesse sentido, a reflexão sobre a linguagem moral, a qual é empregada sempre que caracterizamos uma ação como *boa* ou *má* ou, ainda, julgamos a nós e a outros como *bom* ou *mau* (Zingano, 2013), é uma forma de ética analítica. Um exemplo é o livro *Genealogia da moral*, de Nietzsche (2013), o qual busca verdadeiramente "desmontar" a ética, evidenciando aquilo que ele chama de *preconceitos morais*, estabelecendo a análise da origem destes com base na história do uso das oposições *bom* e *mau* e *bom* e *ruim*.

Assim, pela ética analítica, podemos analisar a linguagem utilizada pela moral para expressar suas indagações e seus dilemas. Porém, quando analisamos a própria ética, fazendo desta o objeto de reflexão, podemos denominar a ética analítica como *metaética*, que é "uma reflexão sobre a ética, seus fundamentos e pressupostos" (Marcondes, 2017, p. 10). No entanto, a ética analítica pode "desmontar" a ética e, também, inversamente, "montar" propostas de reflexão sobre a sistematização da conduta moral, como as apresentadas a seguir:

A] O **racionalismo**, proposto por Immanuel Kant e outros autores, busca evidenciar que os imperativos morais não são impostos externamente ao ser humano, mas têm origem em sua própria razão, na reflexão sobre sua conduta (Lovin, 2005).

B] O **intuicionismo**, desenvolvido especialmente por George E. Moore, procura indicar a intuição como princípio moral. Assim, não é tanto a razão, mas os sentimentos morais da intuição que "indicam certezas sobre comportamentos morais" (Di Napoli, 2012, p. 96).

c] O **pragmatismo**, defendido por vários autores, como William James e Richard Rorty (cuja posição é chamada de *neopragmatismo*), alega que os valores são hipóteses sobre o que seria uma boa ação, mas que a realidade prática pode requerer atitudes e decisões morais para as quais nem sempre podemos esperar por provas adequadas.

d] O **relativismo** propõe que todo princípio moral é relativo, e não universal. Pode ser aplicado, portanto, de duas formas: entre sociedades e entre indivíduos. No primeiro caso, leva em conta que "os valores éticos de uma comunidade variam de acordo com o ponto de vista histórico e dependem de circunstâncias determinadas" (Marcondes, 2017, p. 10). Já no segundo caso, afirma que ninguém deve interferir nos julgamentos e nas decisões morais alheias, uma vez que cada pessoa tem sua própria moral.

e] O **niilismo**, proposto por Friedrich Nietzsche, "o primeiro grande profeta e teórico do niilismo" (Volpi, 1999, p. 8), busca suplantar a ética pela estética, desvalorizando os valores supremos a fim de abrir espaço à vontade de potência humana, afirmando que não existe Deus, fim último, ser, bem ou verdade, como indica Reale (2002).

Vejamos mais detalhadamente cada uma delas na seção a seguir.

1.2 A religião como uma fonte da moral

É evidente que há inúmeras outras perspectivas e outros ramos da ética, que é um campo do conhecimento bastante abrangente, mas as cinco linhas descritas anteriormente propiciam uma visão consideravelmente ampla das possibilidades de perspectiva ética, por isso foram escolhidas. Mas será que elas favorecem a percepção da relação entre ética e religião? Será que a religião pode, nessas perspectivas, ser considerada como uma fonte da moral, ou ainda da ética normativa, por exemplo? Uma análise da relação de cada uma das cinco perspectivas com a religião pode esclarecer esse questionamento. Vejamos.

Racionalismo

Nesse caso, podemos pensar em um de seus maiores representantes: René Descartes (1596-1650), importante filósofo, cientista e matemático francês. Apesar de não ter escrito uma obra propriamente ética, nem mesmo uma "Ética, ou seja, um discurso metódico sobre os atos humanos" (Henriques, 1998, p. 43), "não deixou, contudo, inteiramente de lado as questões sobre a ética e a natureza humana" (Marcondes, 2017, p. 67). Em sua filosofia, porém, a ética ganha um aspecto bastante teológico, uma vez que aparece com base nas reflexões de Descartes sobre o ser humano e na relação com Deus por meio da razão. Afinal, por ser racionalista e cristão, Descartes via o ser humano como a imagem e a semelhança de Deus principalmente em sua racionalidade, de modo que sua ética, como aplicação dessa racionalidade de origem divina, apresentava-se como uma ética teocêntrica (Cottingham, 2011), ou seja, uma ética que se estabelece com fundamento na ideia cristã de Deus, que faz o ser humano à sua imagem e semelhança.

Assim, por meio de sua máxima, *cogito ergo sum* (em português, *penso, logo existo*), Descartes indica que a razão, a faculdade do pensamento, não é somente o que lhe permite conceber a si mesmo, seu eu, mas também é aquilo que define sua existência como ser humano, imagem de Deus, o qual reconhece tal aspecto "por meio da mesma faculdade pela qual me concebo a mim próprio" (Descartes, citado por Zilles, 2010, p. 27), ou seja, pela razão. Assim, a perfeição divina é refletida na humanidade pela sua razão, que lhe permite a reflexão moral, a qual é o elemento máximo no ser humano: "de todas as outras que existem em mim, não há nenhuma tão perfeita e tão grande que eu não reconheça efetivamente que pudesse ser ainda maior e mais perfeita" (Descartes, citado por Marcondes, 2017, p. 68-69).

Desse modo, se seguirmos a filosofia de Descartes, poderíamos afirmar que a moral, ou seja, as "boas" ações, e também a própria ética, isto é, a reflexão sobre o valor das ações e das atitudes morais, têm como fonte o próprio Deus, em razão de sua "imagem" presente no ser humano. Quanto a Descartes, percebemos que sua proposta moral, além de ser decorrente de sua concepção antropológica, ou seja, de sua visão a respeito do ser humano, também é resultado de sua adesão religiosa. Afinal, é o cristianismo, ao qual pertence, que fornece não somente sua visão a respeito de Deus, mas também, pela doutrina da imagem e semelhança, estabelece os fundamentos de uma antropologia teológica (Souza, 2010), a qual Descartes herda e sobre a qual fundamenta sua ética. Logo, no caso da filosofia de Descartes, a moral é, em grande medida, fruto da religião, e a religião, inversamente, é uma fonte da moral.

INTUICIONISMO

Essa perspectiva deve ser analisada ponderando-se suas consideráveis críticas, que se estabelecem principalmente no questionamento de as intuições serem um fundamento válido para um "conhecimento moral objetivo ou uma reflexão moral segura" (Lariguet, 2017, p. 130, tradução nossa). Nesse sentido, questiona-se a existência de um "método" para o intuicionismo, tal como consta na crítica de Rawls (2003). Afinal, os dilemas morais podem ser percebidos por meio de inúmeras perspectivas, inclusive decorrentes de vários sentimentos e intuições, até mesmo no caso de pessoas de uma mesma religião. Portanto, o intuicionismo pode desfavorecer a identificação da relação entre ética e religião, visto que não apenas há pessoas de uma mesma religião com intuições diferentes, mas também pessoas de religiões diferentes com uma intuição semelhante.

Mesmo assim, o intuicionismo desenvolveu-se e alcançou, inclusive, expressões consideravelmente extremas, como algumas propostas para as quais a intuição é o princípio moral fundamental e, também, supremo. Coloca-se, nesse sentido, não tanto a religião, mas a intuição como fundamento absoluto da moral. Desse modo, supondo que Deus viesse a comandar uma ação a certa pessoa, caso o sujeito ordenado acredite que é algo errado em sua intuição a respeito daquilo, não poderá ser certo. Tal ação ser errada, portanto, não é contingente, ou seja, não está sujeita à possibilidade de mudança por qualquer força que seja, até mesmo pela vontade ou ordem divina (Deigh, 2010). Logo, apesar de ser possível indicar que a intuição humana decorre de um conhecimento do bem e do mal internalizado em virtude de semelhança com a divindade, o intuicionismo não favorece necessariamente a relação entre ética e religião, contrastando especialmente com a perspectiva de uma ética normativa. A moral proposta por essa perspectiva não deriva da religião, mas da intuição de cada indivíduo.

Pragmatismo

Nesse caso, William James (1842-1910) buscou aplicar a metodologia de Charles Sanders Peirce (1839-1914) a questões de natureza ética e religiosa. Assim, ponderou os efeitos sensíveis dos conceitos intelectuais relativos aos valores sociais, considerando que "os efeitos da experiência religiosa sobre um indivíduo justificam a vida religiosa dessa pessoa" (Kinouchi, 2007, p. 220), ou seja, não é tanto a religião que estabelece a ética, mas a ética e, principalmente, a vida moral de cada indivíduo, que lhe fornecem o embasamento para constituir sua religiosidade. Portanto, para cada indivíduo, de certo modo, a ética forma a própria religião. Em razão da importância da religião na vida em sociedade, o pragmatismo também requer, inversamente, que mesmo quem não é religioso considere a religião em suas reflexões éticas. Afinal, cabe ao indivíduo, ao perceber a relevância da religião, sopesá-la, inversamente, em sua consideração ética. É por isso que Ludwig Wittgenstein (1889-1951), apesar de ser ateu, afirmou: "Eu não sou um homem religioso; mas não posso deixar de ver todo problema de um ponto de vista religioso" (Wittgenstein, citado por Rhees, 1984, p. 79, tradução nossa).

Relativismo

A perspectiva de um relativismo moral serviu e ainda tem servido como mecanismo de distanciamento e objetivação por parte de antropólogos quando estes observam e analisam culturas e religiões de povos, primitivos ou não. Tende-se a antropologizar a religião, seguindo os passos de Feuerbach (citado por Zilles, 2010, p. 107), para quem "o mistério da teologia é a antropologia", uma vez que toda religião, sem exceção, é criação humana, a qual transparece em alguma medida uma visão a respeito do próprio ser humano, que é *começo*, *centro* e *fim* de toda religião (Zilles, 2010).

Nessa linha, as religiões são consideradas como expressões e concretizações de perspectivas morais que, para um relativista absoluto, não passam de possibilidades que não devem ser nem mesmo hierarquizadas, pois não há um centro, um direcionamento das religiões, que não seja a própria humanidade. Nesse contexto, como não há a possibilidade de um ser divino, não há razão para utilizar este ou qualquer mecanismo de relação com este (religião) como referência ética, já que não existem, para o relativista, concepções morais ontologicamente superiores, que sejam superiores em sentido metafísico, mas somente perspectivas que podem ser mais ou menos úteis em determinada sociedade ou circunstância. Desse modo, o relativismo admite que cada moral pode ser proveniente de uma religião, mas isso não significa que tal moral tenha, por essa razão, mais ou menos valor. A religião é uma fonte de moral, mas o valor de ambas cai por terra completamente.

Niilismo

Nesse caso, Nietzsche (2012) buscava não somente a transmutação dos valores, mas também sua superação pela abertura de um período extramoral. A ética niilista, portanto, não é a aplicação ou sistematização da moral; é sua superação. Nesse sentido, Nietzsche (2012, p. 68) parece pretender superar a filosofia moderna, que, apesar de ser "anticristã", não chegou a ponto de ser "antirreligiosa", como podemos perceber na ciência moral (ética) de seu tempo. É por isso que ele profetiza o sacrifício de Deus para o nada (Nietzsche, 2012). Logo, para o profeta do niilismo, deve-se não somente negar a religião, mas também a moral, que é seu fruto e que, em cada expressão que se apresenta, é "uma espécie de tirania contra a 'Natureza'" (Nietzsche, 2012, p. 101). Assim, apesar de a religião ser, para o niilismo, uma fonte de moral, não é, de modo algum, uma fonte da ética niilista. A fonte de moral busca justamente se contrapor à fonte da ética niilista, a fim de favorecer a natureza, expressa no homem pela sua vontade de potência, ou seja, pela sua ação, estando mais atrelada àquilo que ele faz do que ao "valor" de suas ações.

1.3 As religiões, a ética normativa e as virtudes morais

Com base nas sistematizações apresentadas, podemos facilmente constatar que, com exceção do racionalismo, as perspectivas éticas indicadas estão longe de favorecer a evidenciação da importância da religião como fundamento da moral. A ética analítica, nos casos apresentados, parece distanciar-se consideravelmente da religião. Uma vez que a ética analítica é o aspecto mais filosófico da ética, não é de se estranhar que, em tal forma, a ética venha a elaborar respostas paralelas às respostas das religiões para as mesmas perguntas que estas buscam elucidar. Afinal, a própria filosofia "nasceu como tentativa de dar uma resposta diversa às mesmas questões que tinham encontrado solução na religião" (Morra, 2001, p. 32). A dimensão da religião para a ética, porém, pode ser demonstrada por meio de uma análise das nuances de outro tipo de ética, a ética normativa.

Uma forma de refletir sobre a ética normativa é por meio da ideia de *lei natural*, a qual pode servir como fundamento não apenas para uma proposta ética, mas também, como indicou Lewis (2005a), para uma compreensão específica sobre o próprio sentido do Universo. Afinal, caso se defenda a ideia de uma lei natural relacionada a uma divindade, será possível, inclusive, absolutizar a ética, que seria originária da religião, mas transcenderia esta. Alguém que se posicione nesse sentido poderá facilmente colocar a soberania divina acima de sua própria religião e teologia, defendendo a onipotência divina e o direcionamento do Universo pelo criador, de modo que, apesar de ser uma doutrina essencial no cristianismo, assim como "um importante tema no Islã e no Dvaita Vedanta" (Wainwright, 2012, p. 45, tradução nossa), não são todos que buscam perceber as consequências últimas de uma tal perspectiva: a de que, se há uma "lei" divina, eterna e atemporal, todas as religiões, naquilo que têm em comum, como propostas e fontes de ética, podem ser consideradas corretas em certa medida, como partes de um quebra-cabeça, cuja imagem formada pela união das partes é a vontade divina.

Nesse sentido, a ética normativa, que será desenvolvida de forma mais aprofundada ao final deste capítulo, não somente permite a ideia de uma ética global, mas também fornece o embasamento teológico e filosófico para tal proposta, por meio da doutrina da soberania divina e pela crença e compreensão de uma lei natural, que perpassa todas as religiões e culturas, mas que também as ultrapassa.

Entretanto, no que diz respeito à religião como origem da ética, há ainda outra forma de reconhecer como as religiões incentivam e fundamentam a ética: por meio da ênfase que as religiões dão às virtudes morais. Como lembra o 14º Dalai Lama, quando atentamos às várias religiões do mundo, "constatamos que a compaixão e a sabedoria são qualidades fundamentais do Deus descrito nas várias tradições teístas" (Dalai Lama XIV, 2013, p. 6). Nenhuma religião, por exemplo, propõe um Deus que seja maligno, uma vez que todas atribuem a Deus as várias qualidades morais que conhecemos. Afinal, são qualidades como a compaixão e a sabedoria que "nós, seres humanos, de maneira natural e espontânea, consideramos virtuosas" e, considerando-as como desejáveis, "naturalmente as projetamos em nossas concepções do divino" (Dalai Lama XIV, 2013, p. 7).

Afirmar isso não significa negar a existência de Deus, reduzindo-o a uma criação humana. Enfim, não é porque o ser humano constrói imagens de Deus com base em suas qualidades que Deus não existe ou mesmo que Deus não apresenta de fato tais qualidades. Pelo contrário, podemos inclusive utilizar essa afirmação, de que os homens projetam suas qualidades em Deus, na ênfase de que as qualidades morais de Deus são os elementos que unem de forma mais precisa os seres humanos e a divindade. E isso pode ser afirmado por duas razões principais.

Em primeiro lugar, porque tais qualidades são os elementos divinos possíveis de ser compreendidos pelo ser humano: apesar de grande parte das religiões indicar características naturais de Deus, como a de que Deus é onipotente e eterno, nenhum ser humano compreende de forma precisa tais qualidades. Não sabemos de fato o que é onipotência ou eternidade, uma vez que não compartilhamos esses aspectos com o ser divino. Diferentemente das qualidades naturais, porém, as qualidades morais de Deus, como a misericórdia e a justiça, igualmente recorrentes nas religiões, são mais bem compreendidas, pois são compartilhadas – mesmo que em pequena medida – por nós, seres humanos. É por isso que tais qualidades, a exemplo da compaixão e da sabedoria mencionadas pelo Dalai Lama, são denominadas, na teologia cristã, como os *atributos comunicáveis* de Deus, já que são atributos mais partilhados conosco do que os chamados *atributos incomunicáveis* (Grudem, 2009), tais como a onipotência e a eternidade.

Essas qualidades divinas, ditas *comunicáveis*, podem, portanto, ser compartilhadas pelos seres humanos. Podemos, tendo essas mesmas qualidades, assemelharmo-nos ao ser divino e, até mesmo, aproximarmo-nos de Deus "por semelhança", como indicou Lewis (2005b, p. 6). É possível, porém, em segundo lugar, o ser humano se aproximar ainda mais de Deus colocando em prática essas capacidades. Assim, vivendo com as qualidades em que crê sendo compartilhadas por Deus, especialmente por meio do amor, o ser humano coloca em prática sua fé: "Creio que, quando somos verdadeiramente devotos de Deus, nosso amor a ele se expressa necessariamente em nossa conduta cotidiana, sobretudo na maneira de tratarmos nossos semelhantes" (Dalai Lama XIV, 2013, p. 7). O princípio cristão do amor a Deus, que deve culminar no amor ao próximo, e que tem nesse amor sua evidência (Bíblia. João, 2013, 4: 20-21), portanto, não é restrito ao cristianismo – é essa a perspectiva defendida pelo famoso líder budista citado, além de outras tantas lideranças religiosas.

Nesse sentido, se entendermos que o termo *religião* pode ser compreendido por meio da ideia de "religar" Deus e a humanidade, poderemos perceber de que modo cada religião, como proposta dessa reaproximação, não somente fundamenta uma forma de vida, mas também se torna uma fonte de ética, interferindo na maneira de se ver a relação entre os próprios homens. Assim, "quando examinamos as tradições espirituais existentes no mundo", de fato, como bem apontou o Dalai Lama, "constatamos que todas concordam quanto à importância da prática ética" (Dalai Lama XIV, 2013, p. 6). Da mesma forma, se as analisarmos de modo particular, poderemos ver cada uma delas como uma fonte diferente para propostas éticas. Afinal, se a ética é, em grande medida, a aplicação das qualidades que os homens compartilham com Deus e pelas quais podem reaproximar-se deste, não somente a teologia é um "recurso que fundamenta a ética", mas também, inversamente, a própria ética é "teologia em ação" (Grenz, 2006, p. 22).

Essa forma de perceber a ética como aplicação da teologia à vida vale para outras religiões além do cristianismo, como o candomblé. Assim como a teologia cristã pode apresentar semelhanças com a teologia do candomblé, por haver a crença em um ser supremo na matriz religiosa afro-brasileira, as diferenças teológicas implicam também diferenças éticas.

Nesse contexto, o candomblé, em sua especificidade teológica, não apresenta uma ética geral e genérica, aplicável a todos os seus adeptos, como é o caso do cristianismo, que visa definir uma forma de conduta ideal para ser aplicada por todos os cristãos. Pelo contrário, por se fundamentar na relação de cada pessoa com seu orixá e com a manifestação deste, como lembra Berkenbrock (2017, p. 905), a ética do candomblé não é uma ética de valores ou de princípios, como no caso do cristianismo, mas é uma ética relacional, que depende inclusive "do estágio de iniciação do fiel, pois cada estágio gera diferentes obrigações". Nesse sentido, há uma diferença marcante com a ética cristã:

> As noções de certo e errado, as pautas de direitos e deveres, as interdições, assim como as regras de lealdade e reciprocidade, são moldadas na relação entre o seguidor e seu orixá, entre o filho humano e o pai divino. Esta relação está acima de qualquer outra coisa, e acredita-se que a personalidade do filho reflete a personalidade do orixá que é seu pai ou mãe no plano mítico, o que lhe

atribui por herança uma gama de comportamentos e atitudes aceitos e justificados pelos mitos dos orixás e que podem contrastar muito com os modelos de conduta cristãos. (Prandi, 2005, p. 148)

Portanto, mesmo que no candomblé não haja "a ideia de que um comportamento pode ou deve ser regido por normas gerais partilhadas que orientam a ação na vida cotidiana" (Prandi, 1991, p. 152), não deixa de existir uma proposta de ética relacional própria dessa religião, na qual "não apenas inexiste a ideia de um padrão de comportamento, como também inexiste a ideia de figuras exemplares de comportamento ético que possam servir para o todo". Mesmo assim, cabe a cada adepto dessa religião buscar, na relação com seu orixá, a determinação do modo pelo qual deverá viver. Afinal, "o adepto do candomblé somente presta conta de suas ações à sua divindade particular" (Prandi, 2005, p. 148). Desse modo, também nessa proposta religiosa, a ética forma-se em grande medida sob influência da religião, que a apresenta como sua aplicação cotidiana.

Essa relação entre religião e ética, porém, não é nenhuma novidade. Afinal, "na filosofia, é sabido que as religiões sempre tiveram papel essencial naquilo que os povos compreendem como fundamento dos valores morais" (Pondé, 2011, p. 57). Como lembra Pondé (2011, p. 57), "religiões são, por isso, definidas costumeiramente como sistemas de sentido para a vida das pessoas neste mundo e no mundo vindouro que elas acreditam existir". Afinal, se levarmos em conta a relação entre religião e ética, poderemos não somente perceber a ética como uma reflexão que leva em conta as implicações de crenças teológicas na vida prática, mas também cada religião como uma proposta de sistema de sentido para a vida humana, definindo as perspectivas e as atitudes corretas eticamente.

1.4 Ética e economia das religiões

A religião, portanto, pode ser uma fonte da moral. Mas será que a moral, ou ainda a ética, inversamente, não pode ser uma fonte da religião? Será que a religião não pode, em grande medida, ser originária de concepções e valores morais preestabelecidos, que determinam suas bases em influências sociais? A religião em si, é difícil saber, mas a ética religiosa com certeza sofreu e ainda sofre influência do contexto sociocultural.

Independentemente de juízos de valor sobre tais situações, exemplos disso são as mudanças de postura de muitas religiões com relação ao que é considerado certo e errado em virtude dos novos tempos. Assim, apesar de ser uma impossibilidade na Idade Média ou mesmo até pouco tempo atrás, hoje há igrejas cristãs que, considerando a situação sociocultural, decidiram realizar casamentos homoafetivos, a exemplo da Igreja Episcopal Anglicana do Brasil, que admite tal possibilidade às dioceses desde junho de 2018 (Luiz, 2018).

Outra mudança de postura decorrente das transformações culturais recentes é a forma com que os hindus têm percebido o casamento entre castas diferentes. Tradicionalmente, eles entendiam, por exemplo, a união de um homem *brâmane*, de casta mais alta, com uma mulher *śūdra*, de casta mais baixa, como um terrível pecado. O *Mānava-Dharmaśāstra*, o mais importante tratado jurídico da tradição hindu, chega a afirmar que "nenhuma redenção é prescrita para o homem que beber a saliva dos lábios de uma mulher *śūdra* ou ser atraído por seu hálito, ou que fizer um filho nela" (*Mānava-Dharmaśāstra*, 3.19, citado por Doniger, 2014, p. 263, tradução nossa).

Hoje, porém, muitos hindus, entendendo que tais perspectivas éticas foram "feitas e refeitas em vários códigos de ordem moral ao longo de centenas ou milhares de anos" (Bayly, 2001, p. 25, tradução nossa), e tanto as questionam quanto buscam derrubá-las. Apoiados no *Special Marriage Act* (*Ato especial de casamento*, em português), de 1954, que permite o casamento entre castas, muitas pessoas têm desafiado a concepção ética tradicional e se unido a alguém de casta diferente. Assim, segundo Jacobson (2006, p. 66, tradução nossa), os casamentos realizados entre castas diferentes ocorrem "com frequência crescente, especialmente nas cidades".

Outro exemplo decorre das novas denominações cristãs que surgem em contextos culturais específicos, como é o caso do continente africano. Segundo Tshibangu, Ade Ajayi e Sanneh (2010), já em 1987 cerca de 33 milhões de africanos eram adeptos de seitas e igrejas cristãs independentes no continente africano. Frutos de sincretismos e adaptações da religião cristã às culturas africanas, essas igrejas cresceram e se multiplicaram desde 1987, de modo que a maior delas, o kimbanguismo, fundado em 1921 por Simon Kimbangu (1887-1951), hoje conta com aproximadamente 17 milhões de adeptos (Gampiot, 2017). O kimbanguismo, assim como outros cristianismos africanos, foi estabelecido sobre sincretismos que "incorporam valores e sistemas de crenças africanos" (Gampiot, 2017, p. 34, tradução nossa). Nesse processo, formam-se, na mistura entre valores propriamente africanos e valores cristãos, novas perspectivas éticas, as quais se fundamentam em reinterpretações das Escrituras cristãs à luz da realidade e mesmo do contexto histórico-cultural dos africanos.

A influência da cultura sobre a religião, contudo, não deve ser exagerada: ainda que a sociedade possa, de fato, influenciar a religião e sua construção da ética, é em sua estrutura especialmente religiosa, fundamentada em uma revelação e em uma promessa futura, no caso cristão, que cada religião estabelece sua proposta de vida e, consequentemente, sua ética. Como afirma Weber (1982, p. 312): "por mais incisivas que as influências sociais possam ter sido sobre a ética religiosa num determinado caso, ela recebe sua marca principalmente das fontes religiosas e, em primeiro lugar, do conteúdo de sua anunciação e promessa". O que ocorre muitas vezes, no entanto, é a reavaliação e a reinterpretação dessas fontes religiosas com vistas a que se enquadrem ou sirvam à nova perspectiva decorrente das mudanças históricas.

Assim, Max Weber (1864-1920), o autor do famoso livro *A ética protestante e o espírito do capitalismo*, apesar de evidenciar de forma clara como havia influências de um "espírito do capitalismo" na proposta ética do protestantismo, o qual fornecia um sentido econômico a essa proposta, buscou evitar que seus leitores caíssem no erro de interpretar sua pesquisa de forma reducionista, mesmo que espiritualista, ou seja, que viessem a reduzir a compreensão dos fatos históricos à espiritualidade, tal como o materialismo muitas vezes reduz a interpretação à realidade material (Weber, 2010).

O que Weber (2010, p. 167) buscou demonstrar, mais do que a influência da economia na formação da ética protestante, foi justamente o oposto, ou seja, a "significação que os conteúdos de consciência religiosa tiveram para a conduta de vida, a cultura e o caráter de um povo". Mesmo que a ética religiosa seja influenciada pela economia, não devemos esquecer que também é a religião que, em grande medida, pode tornar-se um empecilho ou um incentivo a determinadas perspectivas e práticas econômicas, fornecendo ideias e preceitos que, em última instância, podem, inclusive, modificar concepções éticas.

O que acontece, porém, é que muitas vezes isso se evidencia na própria forma como as pessoas lidam com as religiões. Isso pode ser particularmente verificado por meio da intepretação de uma pesquisa publicada em 1999, na qual Ian Mitroff e Elizabeth Denton apresentaram o resultado do que foi, pelo título do livro publicado, *Um balanço espiritual da América Corporativa* (em inglês: *A Spiritual*

Audit of Corporate America). Nessa pesquisa, os autores constataram que, na América corporativa, ou seja, entre os executivos e empresários estadunidenses, havia uma ideia geral e defendida pela maioria de que a religião estaria vinculada a termos bastante negativos, por isso seria percebida como algo intolerante, como formal e dogmática. Já a espiritualidade seria concebida de forma bastante positiva, definida como algo informal, pessoal, universal, inclusivo e tolerante. Assim, ficou claro que, no meio empresarial, domina uma perspectiva que contrasta religião e espiritualidade, depreciando uma e valorizando a outra. Mas por que isso ocorre?

Segundo Zinbarg (2002, p. 34), "muitas pessoas aplicam mesmo padrões éticos das suas tradições religiosas no seu relacionamento com a família e os amigos", mas parece que esquecem ou buscam evitar tais padrões quando "o dinheiro está em causa", de modo que deixam de lado tanto o que propõem suas tradições religiosas quanto "os laços de família e a amizade ficam afetados". Logo, ao interpretarmos o estudo de Mitroff e Denton, podemos inferir que, atualmente, a afirmação de uma espiritualidade em contraste com a religião permite que as pessoas determinem que aspectos de suas vidas devem ou não receber influência da fé ou da relação com Deus, ou seja, que ações, situações e decisões são próprias daquilo que chamam de *espiritualidade*, como uma espécie de parte ou dimensão da vida.

Desse modo, a relação com Deus como religião, que outrora dizia respeito à totalidade da vida das pessoas, passa a ser limitada e enquadrada em aspectos e momentos da vida, os quais são então escolhidos pelas pessoas a fim de que sejam situações de sua espiritualidade, como que se fosse um entre vários aspectos da vida. A religião, portanto, que parece insistir em se meter nos demais aspectos, ou seja, na vida econômica, assim como, em muitos casos, na vida sentimental, na vida profissional etc., passa a ser vista como algo intolerante, opressor e até mesmo intruso.

As religiões, desse modo, têm deixado de ser, para muitos, os sistemas de sentido para a vida, aos quais Pondé (2011) se referiu, passando a ser espécies de propostas de autoajuda a que cada pessoa recorre somente quando acha necessário ou importante, raramente sendo verificadas em aspectos tais como a vida econômica. No entanto, mesmo que as pessoas tenham esquecido ou queiram esquecer, as grandes religiões do mundo trazem perspectivas e até mesmo propostas no que diz respeito à economia, contemplando, cada qual, sua ética econômica, desenvolvida durante suas longas histórias de formação da tradição. A ética econômica das religiões, amplamente trabalhada por Weber, também foi estudada por outros pesquisadores, como Zinbarg, em seu livro *Fé, moral e dinheiro* (2002), no qual busca apresentar o que dizem as várias religiões sobre a ética no mercado.

Quanto ao cristianismo, González bem demonstrou, em seu livro *Economia e fé no início da Era Cristã*, que "não há nenhuma voz sequer [...] em favor do argumento, ouvido com muita frequência nos tempos modernos, de que essas questões [economia e fé] devem ser tratadas separadamente, e de que os pregadores e mestres religiosos devem deixá-las para a deliberação de outros" (González, 2015, p. 339). Portanto, nas origens do cristianismo, "nenhum dos principais líderes cristãos sustentou a perspectiva de que fé e riqueza eram questões que deveriam ser tratadas separadamente" (González, 2015, p. 339). Assim, se hoje muitos líderes cristãos evitam falar sobre dinheiro e até mesmo afirmam tal separação, estabelecem tais posturas por uma demanda de seus ouvintes, que têm requerido que os pregadores, como se poderia dizer, não coloquem a religião no assunto.

Para além do cristianismo, o judaísmo também se apresenta como um exemplo interessante e importante, especialmente pela fama que os judeus tiveram como comerciantes ao longo da história, e até mesmo pela equivocada má fama que muitos fizeram dos judeus como "enganadores" e "charlatães", o que não condiz com a ética econômica do judaísmo, em razão do desconhecimento por parte de quem não é judeu ou, ainda, porque alguns, por serem judeus, deveriam seguir tal ética econômica e não o fazem.

Segundo uma tradição judaica, diz-se que, na entrada do paraíso, quando alguém se apresenta a seu julgamento final, são feitas três perguntas, entre as quais a primeira é: *Você agiu de boa fé?* Tal pergunta tem o sentido de verificar a honestidade econômica, segundo algumas interpretações, de modo que, por tal tradição, pode-se pensar que "a primeiríssima questão que o inquiridor celestial perguntará à pessoa é se aquela pessoa foi honesta nos seus negócios" (Zinbarg, 2002, p. 41). Tal preocupação com os negócios aparece também ao longo da história do judaísmo. Na própria Bíblia hebraica, a lei de Moisés já indicava: "Se venderes ao teu compatriota ou dele comprares, que ninguém prejudique a seu irmão!" (Bíblia. Levítico, 2013, 25: 14).

Na Idade Média, o filósofo judeu Maimônides abordou a questão de modo a resumir o problema: ele definiu que um mercador "não deve vender [...] vasilhas velhas aparentando novas, mas pode vender novas polindo-as, passando-as a ferro ou embelezando-as tanto quanto for necessário" (Maimônides, citado por Zinbarg, 2002, p. 45). Assim, já na Idade Média, surgiu no judaísmo um princípio de que, apesar de ser importante valorizar aquilo que se vende, não se deve enganar quem está comprando. É um princípio que pode ser válido ainda hoje para vendedores e, também, para publicitários. Na Idade Média, portanto, Maimônides já apresentava os limites morais do mercado, resumidos em uma analogia do vendedor de vasilhas: é justo valorizar aquilo que nos gera lucro, mas nunca tal lucro deve ser decorrente do prejuízo de alguém. O limite moral está não somente no que é vendido, mas também na forma como se vende.

No entanto, hoje, mais do que nunca, é difícil definir os limites morais do mercado, uma vez que as pessoas têm realizado ações, no mínimo, questionáveis em prol do lucro, como bem aponta Sandel (2018) em seu livro *O que o dinheiro não compra*. Nessa obra, o autor chama a atenção para o fato de que, atualmente, quase tudo está "à venda", como podemos verificar em situações como: mulheres indianas que trabalham como "barriga de aluguel", que recebem em média US$ 6.250,00 para gerar filhos de pessoas que não podem ou não desejam passar pela gravidez; a possibilidade de se abater, por US$ 150.000,00, um rinoceronte negro, animal que está ameaçado de extinção; o direito de compra e venda, por aproximadamente US$ 18,00 cada tonelada métrica, da emissão de gás carbônico na atmosfera; entre outras situações semelhantes.

De modo parecido, são surpreendentes algumas formas atuais de se fazer dinheiro, que Sandel (2018) também destaca em seu livro: alugar espaço na testa para publicidade comercial da empresa Air New Zealand, por US$ 777,00, e servir de cobaia humana para testes farmacêuticos, por aproximadamente US$ 7.500,00, dependendo da agressividade e do perigo enfrentado pelo procedimento utilizado no teste, entre outras várias práticas que o autor elenca sabendo bem do choque que podemos ter ao tomarmos consciência delas. Enfim, contrariando aquilo que temos por preceito moral, tais atitudes geram em nós uma espécie de "escândalo" interior, mesmo que não saibamos explicar a razão de forma pormenorizada.

1.5 Por uma ética global

Assim como Sandel (2018) espera um "choque" por parte de seus leitores, projetando inclusive o sucesso de seu livro em decorrência disso, praticamente todas as pessoas que realizem ações tidas pela maioria das pessoas como imorais buscam justificá-las para reverter o "escândalo" por meio das desculpas que vêm a apresentar. Trata-se, segundo Wilson (1997), do senso moral que as pessoas têm, a despeito de sua perspectiva de um quase relativismo moral. Wilson, como bem explica Zinbarg (2002), percebe algo importante a respeito do comportamento humano: "que quando as pessoas se comportam de uma forma que viola o que parece ser genericamente compreendido como princípio de comportamento apropriado, geralmente dão desculpas diferentes de 'fi-lo porque quis'" (Zinbarg, 2002, p. 33). E isso vale inclusive para a realidade econômica, de modo que, quando falam a respeito de demissões e ações questionáveis no campo econômico, muitos executivos costumam dar explicações para justificar suas atitudes e destacar a "necessidade" delas. Contudo, tal situação ultrapassa o campo econômico, alcançando todas as áreas da vida humana.

Cabe aqui um exemplo: suponhamos que um homem foi descoberto por sua esposa em adultério, tendo um caso com outra mulher. De que forma tal homem falará sobre o ocorrido? Qual será sua versão da história? Ora, nesse tipo de situação, dificilmente falará à mulher e às demais pessoas de sua convivência que o fez simplesmente porque o queria. Em geral, buscará razões que justifiquem sua ação e lhe desculpem no campo moral: poderá falar que somente buscou o prazer sexual fora do matrimônio, pois já não o recebia mais no casamento, culpando a esposa por não cumprir com o "contrato" do casamento quando lhe negou tal prazer;

poderá também afirmar que o casamento já não estava "dando certo", indicando que nem mesmo se poderia falar em adultério, uma vez que, pelas dificuldades de relacionamento com sua esposa, a situação com ela não mais configuraria um casamento; poderá ainda afirmar e validar sua ação pela busca de um bem maior, como a felicidade: *Eu só queria ser feliz. Com minha esposa, nem eu nem ela estávamos felizes. Agora, estou feliz e posso permitir que minha esposa também o seja, mas com outra pessoa. Afinal, não merecemos ser felizes?*

Esses discursos são, hoje, bem conhecidos de todos nós pela recorrência com que são utilizados, em casos de adultério ou em outras situações que contrariam a moralidade vigente. Apesar de conhecidos, e independentemente da validade de tais argumentos, esses discursos demonstram algo muitas vezes não percebido: que praticamente todas as pessoas procuram explicar suas ações quando estas vão contra aquilo que se tem estabelecido como preceito moral, buscando dar as razões para provar que tomaram a decisão correta, ou ainda justificar suas ações por determinadas informações e circunstâncias.

A maior parte das pessoas, portanto, tenta justificar suas ações tidas como *imorais*. Isso deixa claro que, apesar de ser possível que não haja padrões morais universais que "cubram todas as situações", não podemos negar que "existem muitos que a maioria das pessoas reconhece" como válidos (Zinbarg, 2002, p. 33), de modo que é possível conceber uma ética global, embora o problema não seja tanto definir tal ética, mas as pessoas aderirem a esta. Afinal, "a questão não é a ausência de padrões morais, mas sim a falta de adesão aos mesmos" (Zinbarg, 2002, p. 33), uma vez que as desculpas apresentadas pelas pessoas servem como um aviso de que concordar com dadas perspectivas éticas e praticá-las são duas coisas completamente diferentes: não é porque alguém concorda que determinada regra é correta que a obedecerá por toda sua vida, em cada circunstância e em cada escolha. Nem sempre fazemos aquilo que achamos ser correto. Uma ética global, portanto, não garantiria uma situação harmônica absoluta, nem mesmo a obediência às regras que a formariam.

Entretanto, apesar de não garantir uma harmonia global, a ética global tem-se apresentado cada dia mais como uma necessidade: como bem destaca o teólogo Küng (1998, p. 49), "sem um mínimo de consenso fundamental no que tange a valores, normas e posturas não é possível a existência de uma comunhão maior nem uma convivência humana digna". Assim como não pode haver paz interna em uma pequena comunidade se não houver uma concordância quanto à possibilidade e à forma de resolução de conflitos de uma forma não violenta, também, na atual comunidade global, não haverá paz de fato enquanto não houver concordância semelhante.

Levando em conta que tal concordância deve acontecer no campo da ética, que é o mecanismo de reflexão e determinação a respeito das escolhas e da convivência humana, e percebendo a importância das religiões como fonte de ética, Küng chegou a uma conclusão que, em 1989, foi proclamada como um aviso pela própria Organização das Nações Unidas para a Educação, a Ciência e a Cultura (Unesco): "Não haverá paz mundial sem paz entre as religiões" (Zilles, 2007, p. 223). E esse aviso ganhou urgência conforme se constatava uma ampliação e um aprofundamento de vários problemas mundiais, como o investimento em armas nucleares, a fome e, inclusive, a processual destruição do planeta por meio da poluição e de outras ações devastadoras. Desse modo, o aviso ganhou nova projeção e mudou para: "Não haverá sobrevivência sem uma ética mundial" (Küng, 1998, p. 7). Mas como alcançar tal ética mundial? Como promover a paz entre as religiões?

Uma forma de se fazer isso é verificar e enfatizar as semelhanças entre as religiões, e não as diferenças. Como bem lembra o teólogo, "os adeptos das diferentes religiões em geral sabem bem demais onde há discordâncias em questões práticas" (Küng, 1998,

p. 84): judeus e muçulmanos sabem que os cristãos comem carne de porco, e eles não; siks e judeus ultraortodoxos sabem que os hindus, cristãos e muçulmanos podem cortar a barba e o cabelo, e eles não; os cristãos sabem que os muçulmanos podem ter mais de uma esposa, e eles não; e assim por diante. Porém, "será que os adeptos das diferentes religiões também sabem tão bem o que eles têm em **comum** em termos de ética?" (Küng, 1998, p. 84, grifo do original). Talvez não. E esse é um grande problema: os adeptos das religiões, em geral, têm buscado conhecer as diferenças, e não as semelhanças, assim como as próprias lideranças religiosas, muitas vezes, procuram destacar tais discrepâncias em vez das similitudes. Onde podem estar tais semelhanças entre as religiões? Quais são os pontos em comum entre as diversas religiões?

Na Conferência Mundial das Religiões em Favor da Paz, realizada em Kyoto, no Japão, no ano de 1970, segundo o relatório da conferência, que incluía adeptos do cristianismo, budismo, hinduísmo, confucionismo, jainismo, judaísmo, islamismo, xintoísmo, zoroastrismo, entre outras religiões, conclui-se que "as coisas que nos unem são mais importantes do que aquelas que nos separam" (Küng, 1998, p. 94). Foram localizados os seguintes pontos em comum entre as religiões presentes:

A] a convicção acerca da unidade fundamental da família humana, da igualdade e da dignidade de todas as pessoas;
B] uma sensibilidade para a inviolabilidade do indivíduo e de sua consciência;
C] um sentimento para o valor da comunidade humana;
D] o conhecimento de que poder não é o mesmo que direito e de que o poder humano não pode se satisfazer consigo mesmo e que não é absoluto;

E] a fé de que o amor, a compaixão, o desprendimento e a força do espírito e da veracidade interna, em último caso, têm mais poder do que o ódio, a inimizade e o interesse próprio;
F] a sensibilidade para a responsabilidade, para estar do lado dos pobres e oprimidos contra os ricos e os opressores;
G] a profunda esperança de que, por fim, a boa vontade há de vencer (Küng, 1998).

Embora esses elementos possam servir de fundamento a uma proposta de ética global, como bem lembra Küng (1998, p. 94), "o mais importante não é o sistema teórico a que se toma referência", mas justamente "aquilo que se vive de forma prática na vida diária e também aquilo que se deixa de fazer". Da mesma forma que a determinação de uma ética teórica não é garantia de que esta será seguida, a adesão de uma liderança religiosa ou até mesmo de uma religião a uma ética global não assegura que tal liderança ou religião estabelecerá uma aplicação correta de tal ética, podendo cobrar mais ao outro do que a si mesmos. O desafio maior não é a definição de pontos em comum, mas a conscientização progressiva das religiões, de dentro para fora, de que é mais relevante valorizar os pontos comuns do que as diferenças, assim como é mais importante cobrar de si mesmo a postura ética do que do outro. Somente assim, com tal consciência, que a humanidade encontrará, de fato, o caminho para a paz, que passa pela ética e pela religião, as quais são, como bem demonstrado neste capítulo, elementos intrinsecamente relacionados.

Síntese

Neste capítulo, esclarecemos que a ética pode ser entendida, em contraste com a moral, como a reflexão a respeito dos preceitos morais, buscando a compreensão e a aplicação destes. Assim, a ética diz respeito principalmente à reflexão, e a moral está relacionada à ação, apesar de que, se desprezarmos qualquer grau de ação na ética ou de reflexão na moral, incidiremos em erro. Tais elementos são aspectos e afinidades, mas não delimitações absolutas.

No que se refere à origem da ética, apontamos a religião como um elemento central. As religiões não somente fornecem preceitos morais do que se deve ou não fazer, mas também podem ser tomadas, conforme a corrente ética, como origem, na divindade, da própria realidade ética do ser humano, feito à imagem e à semelhança de Deus.

Essa semelhança pode ser evidenciada ainda pelas virtudes que os seres humanos compartilham com Deus, as quais são incentivadas por todas as religiões e, em grande medida, são elementos particularmente importantes para a ética humana, a exemplo da misericórdia, da justiça e do amor, que regem e favorecem a relação entre os seres humanos.

Quanto a essas relações, todas podem e devem ser regidas pela ética e, portanto, recebem direcionamentos das religiões, incluindo a economia, a despeito da tendência atual de muitas pessoas em limitar a religião a algumas áreas de suas vidas que permitem a atuação religiosa, ao passo que outras não possibilitam essa intervenção.

Por fim, além de conduzir as relações entre seres humanos, a ética pode reger a relação entre as religiões. Para isso, porém, é necessário não somente que atentemos mais às semelhanças entre as religiões do que às diferenças, mas também que cada pessoa, em sua adesão religiosa, busque viver os princípios que orientam a ética global, fazendo parte de um processo de conscientização da humanidade a respeito de suas necessidades e urgências.

Atividades de autoavaliação

1. Na usual distinção entre ética e moral, pode-se dizer que a ética é:
   A] toda ação bem-intencionada que resulte no bem da sociedade.
   B] o apelo à autoridade e aos sentimentos corretos em situações de impasse.
   C] a reflexão racional a respeito das ações morais.
   D] a prática de ações decorrentes de hábitos e costumes de uma sociedade.
   E] o primeiro impulso de qualquer ser humano.

2. Qual perspectiva ética conduz seus adeptos a pensar em uma imagem divina do ser humano?
   A] Racionalismo.
   B] Intuicionismo.
   C] Pragmatismo.
   D] Relativismo.
   E] Niilismo.

3. Segundo a teologia cristã, há características divinas, como a misericórdia e a justiça, as quais, ao serem compartilhadas pelos seres humanos (em certa medida), podem ser mais bem compreendidas por nós. Teologicamente, essas características são conhecidas como:
   A] naturais.
   B] imortais.
   C] finitas.
   D] incomunicáveis.
   E] comunicáveis.

4. Segundo o estudo de Mitroff e Denton, as pessoas envolvidas na América corporativa, ou seja, executivos e empresários estadunidenses, tendem a desvalorizar a ideia de *religião* em contraste com a valorização de outro termo, que é:
   A) *economia.*
   B) *dinheiro.*
   C) *intuição.*
   D) *espiritualidade.*
   E) *moralidade.*

5. Qual o nome do teólogo que promoveu a criação de uma ética global por ter tido a ideia de que não haverá paz no mundo sem paz entre as religiões?
   A) James Q. Wilson.
   B) Hans Küng.
   C) Edward Zinbarg.
   D) Justo L. González.
   E) Friedrich Nietzsche.

Atividades de aprendizagem

Questões para reflexão

1. Como exemplificado neste capítulo, se um pai vê seu filho jogando lama na cara da irmã, poderá repreendê-lo dizendo-lhe somente *Comporte-se!*, como um apelo à moral da criança. No entanto, caso decida explicar ao filho a razão por que não deve jogar lama na cara de sua irmã, poderá construir um discurso moral ou, mesmo que de forma rudimentar, um discurso ético. Considere as possibilidades morais e éticas das seguintes situações do dia a dia:
   A) Você fala para seu filho não colocar o dedo na tomada, e ele decide fazer isso mesmo assim.

b) Você tem uma empresa e dá uma ordem para um de seus funcionários, mas ele não o obedece. A ideia dele, porém, gera um lucro nunca antes visto, e ele lhe pergunta o que você vai fazer a respeito.

c) Você é funcionário e seu patrão manda que você falsifique a assinatura de alguém, pois essa pessoa, apesar de aceitar assinar, está em viagem.

A ideia não é refletir sobre o que é o certo a se fazer em cada caso, mas sobre as situações morais e éticas que essas situações geram. Descreva-as para cada uma das hipóteses apresentadas.

2. Reflita sobre as cinco perspectivas éticas apresentadas neste capítulo elaborando um breve resumo sobre cada uma: informe quais são os autores e os pontos principais e analise criticamente a relação de cada perspectiva com a ideia da religião como fonte de ética.

Atividade aplicada: prática

1. Faça uma pesquisa na internet para buscar os elementos propostos como pontos em comum entre as religiões pela Conferência Mundial das Religiões em Favor da Paz, de 1970. Descreva tais pontos. Depois, verifique de que modo você tem buscado transformar cada princípio em ações éticas na vida cotidiana. Aponte as ações que poderiam favorecer sua conscientização quanto à importância dessas convicções sobre a humanidade.

O VALOR DA VIDA HUMANA

Quando tratamos de ética, não há como fugir da reflexão a respeito da vida humana: além de a ética ser um elemento central na vida humana, também, inversamente, a vida humana é um dos principais pontos para a própria reflexão ética. Afinal, cada perspectiva ética dependerá, em grande medida, do valor que é dado à vida e, em especial, à vida propriamente humana.

Quanto à vida como um todo, seu valor influenciará as perspectivas éticas sobre a natureza e o meio ambiente, os quais serão tratados de forma especial no último capítulo deste livro. O que é evidente, sem a necessidade de uma análise pormenorizada, é que uma valorização dos seres vivos e da criação humana deve resultar, por consequência, na valorização do cuidado da natureza. Nesse sentido, uma visão positiva e que enfatiza a importância da vida não humana deve resultar, no âmbito ético, em posturas de proteção e cuidado ambiental, por exemplo. Contudo, no que diz respeito à vida propriamente humana, o valor desta implicará a adesão ou não a fundamentos para a ética nas relações humanas e, em especial, naquilo que se refere aos direitos humanos.

Diversas questões essenciais para a reflexão ética atual, como aborto, guerra, eutanásia, suicídio e tantos outros desafios éticos, requerem uma reflexão mais apurada sobre o valor da vida humana, particularmente destacada e promovida pelas religiões. Assim, como bem pondera Brockopp (2003, p. 1, tradução nossa), "em todas as tradições religiosas o aborto, a guerra e a eutanásia focam nossa atenção no valor da vida humana".

Desse modo, fica claro que, para buscar respostas às questões éticas atuais que levem em conta o valor da vida humana, devemos ouvir o que as religiões têm a dizer. E, inversamente, para compreender propriamente as perspectivas religiosas a respeito da ética, ou ainda as propostas éticas das religiões, precisamos tomar como base a reflexão sobre qual é a percepção que essas religiões têm da vida e, em especial, da vida humana.

2.1 A vida humana na Bíblia hebraica

Para o judaísmo, somente entenderemos o valor da vida se a olharmos sua relação com Deus, que é seu criador. Assim, como bem indicou Marchadour (1985, p. 8), "se quisermos compreender alguma coisa da interrogação de Israel sobre a vida e a morte, será preciso, sem cessar, colocá-la em relação com seu Deus".

Deus é, na visão judaica, o criador de todas as coisas e, por consequência, de todos os seres vivos. Ele é quem dá origem, durante os seis dias da criação, a todas as plantas e a todos os animais, inclusive, ao ser humano. No entanto, o ser humano, diferentemente dos outros seres, é feito de modo particular. É, na linguagem bíblica, imagem e semelhança de Deus (Bíblia. Gênesis, 2013, 1: 27); foi feito de modo especial por Deus a partir do pó da terra, ou do barro, recebendo a vida por meio do fôlego divino: "Então, formou o Senhor Deus ao homem do pó da terra e lhe soprou nas narinas o fôlego de vida, e o homem passou a ser alma vivente" (Bíblia. Gênesis, 2009, 2: 7).

Como bem lembra Longman III (2009, p. 89), em outros textos a respeito da criação do ser humano, próprios da Mesopotâmia, o ser humano também é feito do barro. O valor do ser humano presente nesses outros textos, porém, é completamente diferente do valor transmitido no texto bíblico.

No caso dos textos mesopotâmicos, o ser humano é feito por divindades criadoras com o propósito de realizar trabalhos manuais e substituir os deuses menores, ou seja, é feito para ser uma espécie de serviçal divino, de modo que o barro se relaciona tanto com a constituição do ser humano (do que ele é feito) quanto com seu propósito (para o que ele é feito): deve realizar trabalhos manuais, para fazer objetos, casas etc., mexendo com o barro, matéria da qual veio.

No caso do texto bíblico, no entanto, o ser humano não é um mero serviçal divino. Pelo contrário, ele é o representante de Deus no mundo. Ser imagem e semelhança, como lembra Wolff (2007, p. 247), pode ser entendido como se o ser humano fosse uma espécie de "estátua de Deus na criação" que indica e manifesta o poder de Deus tal como as estátuas, no Oriente Antigo, serviam para indicar o domínio de certo deus na região em que eram postas.

Apesar de essa ideia ter um significado ecológico, que será apresentado no último capítulo deste livro, também tem um significado particularmente ético e importante para as relações humanas: se o ser humano é imagem e semelhança de Deus, tirar uma vida humana é, por consequência, não somente uma afronta a Deus, mas também um atentado contra sua própria imagem. Assassinar uma pessoa é, como lembra Wolff (2007), um crime contra a imagem de Deus. Tal importância da vida e, portanto, a gravidade do assassinato podem ser percebidas pela compreensão dos elementos que, na Bíblia hebraica, correspondem e se relacionam à vida, os quais são o sangue e a respiração.

O sangue, *dām* em hebraico, é considerado na Bíblia hebraica "principalmente como a sede da força física vital como tal" (Wolff, 2007, p. 111), ou seja, por estar "dentro do corpo, o sangue é uma força vital, que anima o corpo inteiro" (Owiredu, 2004, p. 8-9, tradução nossa). É nesse sentido que o sangue chega a ser associado diretamente à própria vida, como podemos perceber em alguns paralelismos interessantes, tais como:

A] "No entanto estes armam ciladas contra o seu próprio *sangue*; e espreitam suas próprias **vidas**" (Bíblia. Provérbios, 2007, 1: 18, grifo nosso).

B] "Tem compaixão do fraco e do indigente, e salva a **vida** dos indigentes. Ele os redime da astúcia e da violência, o **sangue** deles é valioso aos seus olhos" (Bíblia. Salmos, 2013, 72: 13-14, grifos nossos).

C] Tal relação se verifica de forma ainda mais explícita em Deuteronômio: "o sangue [*dām*] é a vida [*nefesh*]" (Bíblia. Deuteronômio, 2013, 12: 23).

Essa concepção serve de base, inclusive, para uma lei de restrição alimentar bastante esclarecedora: é proibido, segundo a lei de Moisés, que alguém consuma carne com sangue, uma vez que, conforme a explicação dada pelo próprio texto bíblico, "a vida da carne está no sangue" (Bíblia. Levítico, 2013, 17: 11). Só é permitido para os judeus, portanto, que seja consumida a carne que esteja completamente livre de sangue, ou seja, inteiramente morta (Owiredu, 2004). E, apesar de ser uma restrição alimentar, ao que tudo indica, até mesmo os primeiros cristãos buscaram seguir essa lei, tomando-a como um costume essencial (Bíblia. Atos dos Apóstolos, 2013, 15: 28-29). Mas por que tal proibição é tão importante? Qual o fundamento dessa restrição?

A carne pode ser consumida quando não tem mais sangue, ou seja, não tem mais vida, tendo em vista que a vida não pode ser consumida. Não é próprio ao ser humano consumir vida, pois ele não tem direito algum sobre qualquer vida: seja a sua, seja a de outra pessoa, ou até mesmo a de um animal. No caso do consumo de animais, este só é permitido porque, apesar de Deus ter feito frutos e vegetais para alimentação do ser humano (Bíblia. Gênesis, 2013, 1: 29-30), o próprio criador, em um segundo momento, liberou que o ser humano consumisse a carne dos animais (Bíblia. Gênesis, 2013, 9: 3). Porém, esse consumo, na perspectiva judaica, deve ser feito somente da carne sem vida, ou seja, sem sangue, como é enfatizado por Deus no momento em que faz a liberação para que o ser humano coma carne:

> Todos os animais da terra tremerão de medo diante de vocês: os animais selvagens, as aves do céu, as criaturas que se movem rente ao chão e os peixes do mar; eles estão entregues em suas mãos. Tudo o que vive e se move lhes servirá de alimento. Assim como lhes dei os vegetais, agora lhes dou todas as coisas. **Mas não comam carne com sangue, que é vida.** (Bíblia. Gênesis, 2014, 9: 2-4, grifo nosso)

A perspectiva bíblica sobre o sangue e a legislação restritiva que impede que a carne com sangue seja consumida evidenciam algo essencial para todo judeu: a vida é posse exclusiva de Deus, que a criou e a sustenta. O ser humano, portanto, é impedido de consumir o sangue, ou seja, a vida, porque não tem qualquer poder sobre ela, que é tida como obra de Deus e objeto exclusivo de sua ação: Ele a faz, a dá, e a comanda (Knibb, 1989).

Desse modo, o sangue nos faz lembrar que o ser humano é apenas uma criatura, mesmo que esteja acima de todos os demais animais, não tendo poder sobre sua vida, nem mesmo sobre a de seus semelhantes, tampouco sobre a dos animais. Somente o criador da vida tem poder sobre esta. Assim, "através do simbolismo do sangue, portanto, a posse da vida por parte de Deus é destacada" (Ruppenthal Neto, 2017a, p. 65).

A respiração, tal como o sangue, também parece indicar o valor da vida e sua relação com Deus. Além dos seres vivos serem criaturas de Deus, criados por Ele, também são tidos como "seres com respiração" (Wolff, 2007, p. 110), uma vez que são dotados de vida pelo fôlego de Deus. Nesse sentido, apesar de o ser humano ter sido feito de forma particular, recebendo o fôlego de vida soprado por Deus em suas narinas, todos os seres vivos, sem exceção, além de terem sido feitos por Ele, também podem com Ele se relacionar por meio do louvor: "Todo ser que respira louve ao Senhor" (Bíblia. Salmos, 2009, 150: 6).

Desse modo, como lembra Wolff (2007, p. 110), "a respiração como característica da vida mostra o ser humano em união indissolúvel" com Deus. Portanto, a própria respiração passa a demonstrar não somente a posse de Deus sobre a vida, mas também expressa a vida em sua relação direta com Deus, criador de todos os seres vivos, uma vez que "o fôlego de vida não apenas provém de Deus como permite o relacionamento" (Ruppenthal Neto, 2017a, p. 66) com ele, por parte do ser humano ou de qualquer ser vivo.

Também pela ideia de *respiração* podemos compreender que o ser humano seja alma vivente, tal como aparece no texto de Gênesis citado anteriormente: "Então, formou o Senhor Deus ao homem do pó da terra e lhe soprou nas narinas o fôlego de vida, e o homem passou a ser alma vivente" (Bíblia. Gênesis, 2009, 2: 7). Afinal, é o fôlego de vida, dado por Deus, que faz do ser humano ser alma vivente. Mas o que significa ser alma vivente?

A expressão *alma vivente*, em hebraico *nefesh hayyah*, deve ser compreendida em contraste com seu oposto, *nefesh met*, que quer dizer *alma morta*. Acontece que, diferentemente do que poderíamos esperar, *nefesh met* significa *corpo morto*, ou seja, *cadáver*, evidenciando que, apesar da usual tradução da palavra hebraica *nefesh* ser *alma*, aparentemente, em algumas situações, tal termo tem, na Bíblia hebraica, o sentido de *corpo*, ou pelo menos de uma realidade corpórea do ser humano (Ruppenthal Neto, 2016a). Nesse contexto, podemos entender a expressão hebraica *nefesh hayyah* não somente como *alma vivente*, mas também, em oposição a *nefesh met* (*cadáver, corpo morto*), como *corpo vivo*.

O corpo humano, caso não esteja dotado de vida, não é mais do que pó: o ser humano provém do pó da terra e, após sua morte, retornará a este. Contudo, por meio da vida concedida por Deus, o ser humano se torna um corpo vivo, cujo valor é inestimável, tornando-se, inclusive, a imagem e a semelhança do criador. A vida não é somente um "presente" de Deus, mas é também um aspecto próprio do criador: o Deus dos judeus é reconhecido, em oposição aos outros deuses, não somente como *o Deus dos vivos*, mas também como *o Deus vivo* (Wolff, 2007). É um Deus que "se revela como uma pessoa viva, que fala, atua, vê, ouve, o que é totalmente oposto de um ídolo mudo e inerte" (Martin-Achard, 2015, p. 29).

Assim, fica claro que nenhum desmérito decorrente de percepções negativas sobre algum ser humano pode, na perspectiva judaica, apagar o valor da vida humana e sua sacralidade, não somente por ser posse de Deus, expressa pelo sangue, e ser decorrente da animação feita pelo fôlego de vida divino, expressa pela respiração, mas também pelo fato de que o ser humano é, em sua vida, imagem do próprio criador. Logo, a visão judaica sobre Deus e o ser humano deve resultar em uma "reverência última perante a vida" (Wolff, 2007, p. 114), cujo reflexo deverá estar nas histórias relatadas e, inclusive, nos direcionamentos éticos da lei mosaica.

No caso da vida propriamente humana, tal sacralidade aparece no relato a respeito do primeiro assassinato: quando Caim mata seu irmão Abel, segundo o texto bíblico, seu sangue "clama da terra" (Bíblia. Gênesis, 2009, 4: 10). Aqui já aparece a seriedade do ocorrido. Porém, mais interessante ainda é o que Deus faz com Caim: em vez de matá-lo, marca Caim com um sinal, "para que ninguém que viesse a encontrá-lo o matasse" (Bíblia. Gênesis, 2009,

4: 15). Portanto, para Deus, mesmo a vida de um assassino tem valor suficiente a fim de se preocupar com que fosse preservada.

A fim de enfatizar que um assassinato é um grande desrespeito à vida, no momento em que faz a liberação do consumo de carne, Deus também adverte o ser humano sobre as consequências de se tirar a vida, seja animal, seja humana: "A todo que derramar sangue, tanto homem como animal, pedirei contas; a cada um pedirei contas da vida do seu próximo. Quem derramar sangue do homem, pelo homem seu sangue será derramado; porque à imagem de Deus foi o homem criado" (Bíblia. Gênesis, 2014, 9: 5-6).

Nem por isso, porém, não existe morte na Bíblia hebraica: há o relato de guerras e até mesmo de assassinatos, os quais são realizados por pessoas que, como Davi, estavam ligados a Deus embora nem sempre seguissem seus preceitos. Como, então, explicar o mandamento *Não matarás* entre os dez mandamentos (Bíblia. Êxodo, 2013, 20: 13)?

É evidente que, nesse caso, não se trata da morte que ocorre durante uma guerra ou em legítima defesa, mas daquilo que hoje se compreende como assassinato ou, de forma mais precisa juridicamente, homicídio doloso, quando alguém mata tendo tal intenção. Afinal, a lei mosaica levava em conta a possibilidade de um assassinato ocorrer sem ter tido uma intenção, ou seja, percebe a possibilidade daquilo que hoje denominamos *homicídio culposo*, especificando que a punição pode variar conforme a intenção. Tal diferenciação pode ser vista em um texto no livro de Êxodo, no capítulo seguinte ao dos dez mandamentos, o qual cita que "quem ferir um homem, vindo a matá-lo, [...] se não o fez intencionalmente, mas Deus o permitiu, designei um lugar para onde poderá fugir. Mas se alguém tiver planejado matar outro deliberadamente, tire-o até mesmo do meu altar e mate-o" (Bíblia. Êxodo, 2014, 21: 12-14).

A instrução *Não matarás* dos dez mandamentos não é tanto uma lei genérica, aplicável a qualquer circunstância, mas o resumo de uma perspectiva necessária ao cumprimento da vontade de Deus, como bem explica Harrelson (1987, p. 143): "Ninguém deve invadir o reino da atividade exclusiva de Deus, atrevendo-se a agir onde só Deus pode agir". Afinal, "a vida pertence somente a Deus – em particular a vida humana –, pois Deus é o autor e doador da vida", e o ser humano, em sua vida, é a imagem e a semelhança de Deus. Assim, "a vida é sacrossanta, e especialmente a dos seres humanos" (Harrelson, 1987, p. 143).

2.2 A *imago Dei* cristã

A respeito do valor da vida humana, o cristianismo herda, em grande medida, os fundamentos da perspectiva judaica, mas os percebe com uma nova interpretação. Logo, a imagem e a semelhança de Deus no ser humano, conhecidas na teologia cristã pela expressão latina *imago Dei*, que significa *imagem de Deus* em português, não é necessariamente aplicada a toda a humanidade, tal como parece ser o caso do judaísmo. Afinal, para o cristianismo, a "queda" de Adão teve como consequência uma deturpação e a decorrente perda da imagem e da semelhança divinas, as quais somente são alcançadas novamente por meio de Jesus Cristo, o "novo Adão".

Essa perspectiva cristã parece inserir-se em uma tradição judaica a respeito da glória de Deus manifesta pelo brilho de Adão (Ruppenthal Neto, 2017b). Segundo essa tradição, Adão teria sido feito com um brilho mais intenso que o Sol (*Rabbah de Levítico* 20.2, citado por Orlov, 2002, p. 332), porém, não tendo observado os mandamentos divinos, teria sido "despojado das luzes divinas, e sendo jogado fora do jardim" (*Palavras de Adão e Seth*, citadas por Idel, 1990, p. 229, tradução nossa).

Tal glória divina, porém, teria aparecido novamente em Moisés, quando este desceu do Monte Sinai: "Ao descer do monte Sinai com as duas tábuas da aliança nas mãos, Moisés não sabia que **o seu** rosto resplandecia por ter conversado com o Senhor" (Bíblia. Êxodo, 2014, 34: 29, grifo nosso). De modo semelhante, Jesus, em outro monte, teve sua fisionomia transformada em luz: "Ali ele foi transfigurado diante deles. **Sua face brilhou como o Sol, e suas roupas se tornaram brancas como a luz**" (Bíblia. Mateus, 2014, 17: 2, grifo nosso). No entanto, segundo Paulo, essa nova glorificação não será passageira como foi a de Moisés e afetará a todos os cristãos:

> E, se no ministério da morte, gravado com letras em pedras, se revestiu de glória, a ponto de os filhos de Israel não poderem fitar a face de Moisés, por causa da glória do seu rosto, ainda que desvanecente, como não será de maior glória o ministério do Espírito! [...] E não somos como Moisés, que punha véu sobre a face, para que os filhos de Israel não atentassem na terminação do que se desvanece. Mas os sentidos deles se embotaram. Pois até ao dia de hoje, quando fazem a leitura da antiga aliança, o mesmo véu permanece, não lhes sendo revelado que, em Cristo, é removido. [...] E todos nós, com o rosto desvendado, contemplando, como por espelho, a glória do Senhor, somos transformados, de glória em glória, na sua própria imagem, como pelo Senhor, o Espírito. [...] Porque Deus, que disse: Das trevas resplandecerá a luz, ele mesmo resplandeceu em nosso coração, para iluminação do conhecimento da glória de Deus, na face de Cristo. (Bíblia. 2 Coríntios, 2009, 3: 6-8, 13-14, 18; 4: 6)

Desse modo, a imagem divina no ser humano, a *imago Dei*, não é necessariamente percebida como algo perene na humanidade, mas como uma realidade resgatada por Cristo e possibilitada aos seus seguidores. Não é tanto, como diz McFarland (2005, p. 166, tradução nossa), "algo que temos, mas algo que Deus nos faz levando-nos para dentro da vida de Cristo". Assim, por meio da ação redentora e transformadora de Jesus Cristo, é possível ao cristão iniciar um processo de transformação e glorificação, que culminará na futura ressurreição, pela qual é prometida a glória divina a todo aquele que crer em Jesus Cristo, resgatando o que foi perdido com Adão e superando o primeiro homem através de Cristo:

> Assim está escrito: "O primeiro homem, Adão, tornou-se um ser vivente"; o último Adão, espírito vivificante. Não foi o espiritual que veio antes, mas o natural; depois dele, o espiritual. O primeiro homem era do pó da terra; o segundo homem, do céu. Os que são da terra são semelhantes ao homem terreno; os que são do céu, ao homem celestial. Assim como tivemos a imagem do homem terreno, teremos também a imagem do homem celestial. (Bíblia. 1 Coríntios, 2014, 15: 45-49)

Nesse sentido, a verdadeira imagem divina não deve ser buscada em todo ser humano ou na humanidade, mas no único que é, de fato, a plena imagem de Deus: Jesus Cristo. Logo, mais do que uma essência original, a *imago Dei* torna-se, no cristianismo, uma promessa escatológica, que os cristãos esperam ser realizada por meio da ressurreição, por meio de um novo corpo, "glorificado".

Possivelmente seguindo a interpretação paulina, o teólogo cristão Tertuliano, no começo do cristianismo, já indicava que somente uma parte da imagem e da semelhança divina está presente, de fato, na humanidade. Segundo ele, todo ser humano, por ter forma humana, é feito à imagem de Deus. Contudo, somente se torna sua semelhança com a ação do Espírito Santo de eliminação da morte, por meio do perdão dos pecados e da abertura à eternidade, a qual é a semelhança divina perdida pela queda (McGrath, 2005).

Do mesmo modo, Orígenes, outro teólogo do começo do cristianismo, argumentou que a imagem de Deus é reservada à humanidade após a queda e que a semelhança de Deus está reservada para a consumação final da humanidade. Para ele, portanto, o fato de o texto dizer "À imagem de Deus os criou" (Bíblia. Gênesis, 2013, 1:

27), e não "À imagem e semelhança de Deus os criou", mostra que a criação não carrega consigo a semelhança, mas apenas a imagem, a qual somente tinha potencial de perfeição antes da queda (McGrath, 2005, p. 504). Assim, devemos entender que, para Orígenes, apesar de a imagem de Deus estar presente na humanidade, esta foi completamente ofuscada, perdendo qualquer potencial de aproximação entre Deus e as pessoas.

Outros autores, como Santo Agostinho, até mesmo indicam que a imagem de Deus não foi completamente ofuscada e está presente na humanidade (Souza, 2010). Porém, a única possibilidade de um verdadeiro resgate da imagem divina pela humanidade reside naquele que é mediador entre Deus e a humanidade, ou seja, em Jesus Cristo.

Essa limitação da imagem e da semelhança de Deus aos cristãos em detrimento do restante da humanidade parece ser acompanhada da concepção segundo a qual somente os crentes em Jesus Cristo podem, de fato, desfrutar de uma filiação divina: "Mas, a todos quantos o receberam, deu-lhes o poder de **serem feitos** filhos de Deus" (Bíblia. João, 2009, 1: 12, grifo nosso). Logo, a famosa frase da cultura popular brasileira "Todos somos filhos de Deus" parece ser negada pelo cristianismo quando este restringe a filiação divina àqueles que "receberam" Jesus Cristo, isto é, que creram nele.

Ao mesmo tempo, tal concepção pode ser abrandada, no próprio cristianismo, pela ideia da filiação divina de toda a humanidade por meio de Adão, e não somente de Cristo. Afinal, trata-se de uma filiação de toda a humanidade, inclusive do próprio Jesus Cristo, que, segundo sua genealogia no Evangelho de Lucas, também é "filho de Adão, filho de Deus" (Bíblia. Lucas, 2013, 3: 38). De certo modo, por esse lado da visão cristã, sim, **todos somos filhos de Deus**, por meio de Adão.

Assim, mesmo que a filiação divina de Adão e, consequentemente, da humanidade tenha sido em certa medida diminuída no cristianismo, bem como a própria imagem e semelhança de Deus no ser humano em detrimento da plena imagem divina em Jesus Cristo, esses elementos continuam presentes nessa religião, ainda que de modo bastante latente se comparado ao caso judaico.

No que diz respeito à ética cristã, caberá a cada cristão entender que, na relação do cristão com as outras pessoas, podemos tomar a todos como imagem divina, mesmo que tais pessoas, assim como o próprio cristão, não sejam ainda plenamente "semelhantes" a Deus. Na prática, a expectativa cristã da restauração da humanidade pela ressurreição não deve impedir que o cristão veja cada ser humano como reflexo de Deus, tomando a vida humana como algo sagrado.

Assim, mesmo que caiba aos cristãos o papel de ser a "luz do mundo" (Bíblia. João, 2013, 8: 12), refletindo a Jesus Cristo, a verdadeira luz, não precisam ver todo o restante da criação de Deus como imerso em trevas sem fim. Afinal, o cristianismo mantém o relato judaico da criação, pelo qual Deus começou criando todas as coisas, iniciando pela própria luz (Bíblia. Gênesis, 2013, 1: 1). Então, mesmo que as demais pessoas não tenham "recebido" Jesus Cristo, foram feitos a partir do próprio, pois "todas as coisas foram feitas por intermédio dele; sem ele, nada do que existe teria sido feito" (Bíblia. João, 2014, 1: 3) e, portanto, "tudo foi criado por ele e para ele" (Bíblia. Colossenses, 2014, 1: 16).

Desse modo, ainda que a imagem e a semelhança fiquem de certo modo ocultas, a criação e, em especial, o ser humano ganham aspecto positivo novamente pela participação de Cristo nessa obra de criação. Portanto, todo ser humano, mesmo que não o tenha "recebido", deve ser compreendido como alguém feito por Cristo e para Cristo e, consequentemente, como disse Santo Agostinho, deve ser compreendido como "criado à imagem da soberana Trindade, isto é, à imagem de Deus" (Santo Agostinho, 1994, p. 374).

E assim, eu já sabia que pelo nome de Deus se entende o Pai, que criou; e pelo nome de Princípio, o Filho, no qual Deus criou. E como eu acreditava que o meu Deus é Trino, eu procurava a Trindade em suas santas palavras e via que **o teu Espírito Santo pairava sobre as águas**. Eis a Trindade, meu Deus: Pai, Filho e Espírito Santo, Criador de todas as criaturas (Santo Agostinho, 1984, p. 379, grifo nosso).

Nesse contexto, a visão cristã não necessariamente reduz a imagem divina àqueles que seguem a Cristo; pode, inclusive, ampliar a valorização da criação por meio da Trindade, que participa conjuntamente no processo de criação de todas as criaturas.

2.3 A vida humana segundo o Islã

O islamismo carrega consigo elementos das tradições judaica e cristã a respeito do ser humano, mas, em grande medida, os reinterpreta. Adão, por exemplo, não é visto, tal como no cristianismo, como o responsável pela "queda" da humanidade: não há, no islamismo, a ideia de um "pecado original", e Adão não é o responsável por um "estranhamento" e distanciamento do ser humano em relação a Deus (Reinhart, 2005, p. 246). Por esse motivo, o islamismo entende que todo ser humano pode conhecer e reconhecer a Deus por meio de seu intelecto, pela razão e pela reflexão (Reinhart, 2005), e é justamente esse intelecto que reflete Deus no ser humano. Assim, a imagem e a semelhança divina podem, na perspectiva islâmica, ser encontradas nas pessoas, em sua capacidade racional.

Para além disso, tal como no judaísmo e no cristianismo, a vida humana é considerada sagrada. E é justamente por esse aspecto sagrado que é proibido que se tire a vida de qualquer pessoa (Reinhart, 2005), conforme consta na Declaração dos Direitos Humanos no Islã, proclamada na sede da Unesco, em 1981: "a vida é sagrada e inviolável, e devem ser envidados todos os esforços para protegê-la. Em particular, nenhuma pessoa deve ser exposta a lesões ou à morte, a não ser sob a autoridade da lei" (Pessini, 2002, p. 270).

A sacralidade da vida humana também está fundamentada na importância do ser humano, evidente pela sua soberania sobre todas as coisas do mundo: "E ele colocou, por livre vontade, tudo o que existe no céu e na terra a vosso serviço" (Alcorão, 32.13, citado por Pessini, 2002, p. 270), e também na unidade da humanidade, que deve ser considerada uma comunidade de todas as pessoas. Em razão desse aspecto social e comunitário do ser humano, o assassinato de uma pessoa deve ser tomado como um mal a todas as pessoas, como se fosse um assassinato de toda a humanidade: "Se alguém matar uma pessoa isto deve ser considerado como se matasse todos os homens" (Alcorão. 1425 [AH], 5: 32). É algo muito próximo de uma passagem do Talmude de Jerusalém, da tradição judaica, o qual ensina que "quem destruir uma simples vida é tão culpado como se tivesse arrasado o mundo todo e quem resgatar uma única vida granjeia tanto mérito como se houvesse salvado o mundo inteiro" (Talmude de Jerusalém, Sanhedrin 4.5, citado por Glasman, 2010, p. 290).

Por esses mesmos princípios que indicam a sacralidade da vida humana, não somente o assassinato é proibido, mas também o suicídio: "E não vos mateis. Por certo, Allah, para convosco, é Misericordiador" (Alcorão. 1425 [AH], 4: 29). Até mesmo ações tais como a eutanásia e o suicídio assistido devem ser consideradas segundo a sacralidade da vida humana, como define o Código Islâmico de Ética Médica:

> A vida humana é sagrada [...] e não deve ser tirada voluntariamente, exceto nas indicações específicas de jurisprudência islâmica, as quais estão fora do domínio da profissão médica. O médico não tirará a vida, mesmo quando movido pela compaixão. O médico, na defesa da vida, é aconselhado a perceber os limites, e não

transgredi-los. Se é cientificamente certo que a vida não pode ser restaurada, então é uma futilidade manter o paciente em estado vegetativo utilizando-se de medidas heróicas de animação ou preservá-lo por congelamento ou outros métodos artificiais. O médico tem como objetivo manter o processo da vida e não o processo do morrer. Em qualquer caso, ele não tomará nenhuma medida para abreviar a vida do paciente. Declarar uma pessoa morta é uma responsabilidade grave que em última instância é do médico. Ele apreciará a gravidade do seu diagnóstico e o transmitirá com toda a honestidade, e somente quando estiver certo disto. Ele pode dirimir qualquer dúvida buscando conselho e utilizando-se dos modernos instrumentos científicos. Em relação ao paciente incurável, o médico fará o melhor para cuidar da vida, prestará bons cuidados, apoio moral e procurará livrar o paciente da dor e aflição. (Pessini, 2002, p. 272)

No entanto, embora hoje seja fundamental a discussão sobre os temas eutanásia e suicídio, inclusive no contexto islâmico (Brockopp, 2003), também é importante perceber que a relação entre o islamismo e a bioética transcende esses temas (Brockopp, 2008), não obstante a atenção que recebem das pesquisas. Um exemplo é a visão islâmica a respeito do suicídio, que, por conta dos famosos homens-bombas, tem sido mal compreendida pelo mundo ocidental.

Apesar de não ser possível negar que existam homens-bombas e que estes sejam sancionados por algumas lideranças religiosas islâmicas, essa prática torna evidente muito mais uma "crise" do Islã, como indicou Lewis (2004), do que propriamente um elemento essencial dessa religião. Assim, podemos remontar historicamente tal tendência com base nos "assassinos" (Lewis, 2003) – uma seita radical islâmica, que atuava no Irã por volta do século X –, bem como devemos enfatizar que um homem-bomba comete, como lembra Munir (2008, p. 71), ao menos cinco crimes contra a legislação islâmica: matar civis, mutilar seu próprio corpo, violar a confiança de seus inimigos, destruir objetos e propriedades civis e cometer suicídio. Mas e quanto a outras religiões orientais, como o budismo? O que os budistas têm a dizer a respeito do valor da vida humana e do suicídio?

2.4 A questão do suicídio no budismo

A perspectiva budista sobre a vida humana é bastante distinta daquela própria das religiões abraâmicas, ou seja, do judaísmo, do cristianismo e do islamismo. A diferença reside, principalmente, no fato de que, apesar de o budismo valorizar qualquer forma de vida e, principalmente, a vida humana, não percebe a vida humana em uma categoria diferenciada segundo uma crença, tal como a imagem e a semelhança compartilhadas pelas religiões abraâmicas. Um exemplo dessa distinção de concepções é a forma como o judaísmo e o budismo lidam com o suicídio.

No caso do judaísmo, o suicídio não é explicitamente condenado na Bíblia hebraica, mas também não é incentivado ou exaltado. A Bíblia hebraica apresenta seis casos de suicídio (Shemesh, 2009): de Abimeleque (Bíblia. Livro dos Juízes, 2013, 9: 54), de Sansão (Bíblia. Livro dos Juízes, 2013, 16: 25-31), de Saul (Bíblia. 1 Samuel, 2013, 31: 3-4; 1 Crônicas, 2013, 10: 3-4) e de seu escudeiro (Bíblia. 1 Samuel, 2013, 31: 5; 1 Crônicas, 2013, 10: 5), de Aitofel (Bíblia. 2 Samuel, 2013, 17: 23) e de Zimri (Bíblia. 1 Reis, 2013, 16: 18-19). Entretanto, nenhum deles é elogiado ou apontado como digno de louvor. Pelo contrário, todos esses casos são apresentados "sob condições não usuais e extenuantes" (Rosner, 1970, p. 39, tradução nossa), como a consequência de uma condição tal como a maldade (Zimri), a desesperança (Saul/escudeiro/Aitofel), a vergonha (Abimeleque) e a vingança (Sansão).

Mais importante do que esses casos de suicídio, porém, parecem ser os casos nos quais alguém deseja ou até mesmo pede a morte, mas Deus age em sua vida, evitando uma tragédia por meio de uma espécie de prevenção ao suicídio (Kaplan, 1992). O texto sagrado, portanto, além de apresentar o Deus dos vivos, também trabalha a perspectiva de que é melhor viver do que se suicidar (Kaplan; Schwartz, 2008). Se considerarmos o valor da vida humana para a teologia judaica, o judaísmo acaba tomando o suicídio, em sua prática vivencial e tradição, como algo proibido e tido como um ato criminal (Rosner, 1970, p. 38).

No entanto, em situações extremas, como uma perseguição religiosa, por exemplo, o suicídio, na lógica judaica, pode ser considerado positivamente como um caso de martírio. Assim, a única forma legítima de se atentar contra a vida humana, sagrada por ser imagem de Deus, é para glorificar o próprio Deus: "apenas para santificação do nome do Senhor um judeu tiraria sua vida intencionalmente ou permitiria que fosse tirada, como um símbolo de sua extrema fé em Deus" (Rosner, 1970, p. 39, tradução nossa).

Nesse contexto, os mártires do judaísmo são conhecidos como *kedoshîm, santos* em português, uma vez que seu martírio é entendido como *Kiddûsh ha-Shem*, ou seja, *santificação do nome* (Maccoby, 1984 - 1985). Afinal, com suas mortes, os mártires judeus afirmam sua fé em Deus e, consequentemente, glorificam o nome de Deus. Por essa razão, para a cultura judaica, Razis, que se suicidou durante a Revolta dos Macabeus (Ruppenthal Neto, 2018), e mesmo os judeus que se suicidaram em Massada, são considerados mártires, e seu suicídio não é condenado, mas exaltado.

Quanto ao budismo, aparentemente a relação com o suicídio é mais complexa. Há, como no caso judaico, mártires budistas, a exemplo dos monges vietnamitas, que, na década de 1960, mataram-se ateando fogo em si mesmos a fim de protestar em virtude da impossibilidade social de viver sua crença, uma espécie de sacrifício como expressão de seu voto *bodhisattva* (Kasulis, 2005, p. 308), isto é, de sua busca pela iluminação. Como demonstrado por Delhey (2006) em um artigo sobre o tema, as visões e as relações do budismo com o suicídio variam muito de acordo com a corrente do budismo e o período histórico analisado.

Por exemplo: o suicídio dos monges vietnamitas pode ser considerado por um budista como um ato de negação e de descumprimento da não violência (King, 2000), assim como pode ser interpretado por outro budista, a exemplo de Thich Nu Thanh Quang, como "a mais nobre forma de combate que simboliza o espírito de 'não-violência' do budismo" (Keown, 2005, p. 102, tradução nossa).

No caso do budismo inicial, podemos verificar, inclusive, uma tendência ao suicídio em tradições antigas, como no relato de um suicídio em massa de monges budistas nos textos *Vinaya*. Segundo Analayo (2014), porém, relato deve ser lido a partir do contexto, no qual o budismo se afirmava em contraste com a tradição religiosa da Índia naquele tempo. De certo modo, seria possível dizer que foi um relato que serviu para indicar que os budistas levaram o desapego aos corpos a um extremo que os hindus daquela época não alcançavam. Nesse sentido, constituiria uma espécie de *marketing* da nova religião, como o martírio dos primeiros cristãos, cujo sangue, como bem indicou Tertuliano, foi "semente" do cristianismo posterior.

Por outro lado, se olharmos para o próprio cristianismo, também veremos extremismos semelhantes ao caso budista. Afinal, na Idade Média, os denominados *cátaros*, ao buscarem a libertação da prisão do corpo – muitas vezes pregada no cristianismo –, incentivaram o suicídio em massa. De fato, os cátaros foram considerados hereges, por isso eram condenados e perseguidos. E se considerarmos tendências atuais de suicídio no budismo, acreditamos que o Dalai Lama e as demais autoridades religiosas dessa tradição também tomariam tal atitude como herética e a condenariam. De fato, a afirmação de Ikeda sobre o budismo terra pura como "suspeito" de incentivar indiretamente suicídio (Wilson; Ikeda, 1987) deve ser entendida como um tipo de condenação. Portanto, para entender as aplicações éticas de concepções religiosas, além do aspecto religioso, devemos considerar também o momento histórico, como lembrou Delhey (2006).

Assim, mesmo que não carregue consigo a ideia de imagem e semelhança, um budista poderá, como o fez Ikeda, perceber o valor da vida humana em razão de que, ainda que de forma latente, a natureza do Buda se encontra na própria vida humana, tendo como consequência ética a negação do suicídio: "a própria vida tem valor sem equivalente, e para além deste valor ela é duplamente preciosa pelo fato de que a natureza do Buda é latente nela" (Toynbee; Ikeda, 1976, p. 155-156, tradução nossa). Logo, embora o foco principal do budismo seja o combate do sofrimento, Ikeda parece negar qualquer possibilidade de defesa ao suicídio assistido, por exemplo, quando afirma que é "bom prolongar a vida pelo período que for possível" (Toynbee; Ikeda, 1976, p. 154, tradução nossa). Desse modo, Ikeda parece ser um exemplo da perspectiva budista mais geral, segundo a qual a vida humana tem uma "qualidade preciosa que não deve ser desperdiçada pelo suicídio", de modo que as pessoas não devem tirar suas vidas nem "incitar ou ajudar outros a se matarem" (Harvey, 2000, p. 309, tradução nossa).

2.5 As implicações éticas do valor da vida

Tão importantes quanto as visões religiosas a respeito do valor da vida humana são as implicações éticas resultantes dessas concepções. Nesse sentido, a maior dificuldade parece ser a aplicação dos princípios decorrentes do valor da vida humana, não tanto àqueles que fazem parte da religião, mas aos demais. Portanto, o maior desafio para um judeu na questão da imagem e semelhança de Deus não é tanto ser essa imagem e essa semelhança, mas vê-las em pessoas de outras crenças, como, por exemplo, nos muçulmanos. Isso vale ainda para cristãos e muçulmanos que, ao olharem para seus "irmãos" de fé, veem facilmente a face de Deus, no entanto, ao olharem para as pessoas pertencentes às demais religiões, parecem ter uma imensa dificuldade de perceber estes da mesma forma.

Tal dificuldade, se levarmos em conta a intensa valorização da vida humana por essas três religiões abraâmicas, não deveria existir. Afinal, em razão do caráter humanitário delas, houve inúmeras mudanças positivas em âmbito social e global ao longo da história da humanidade, a exemplo do surgimento de orfanatos, asilos e hospitais. Do mesmo modo, as mesmas religiões poderiam, com suas essências humanitárias, buscar viver a liberdade e a tolerância, mesmo que estejamos em uma era marcada pelo conflito religioso (Clark, 2012). Nesse sentido, a visão judaica da humanidade à imagem e semelhança de Deus, levada adiante por cristãos e muçulmanos, poderia ter particular importância.

Por outro lado, a diferença cultural e nacional também pode tornar-se uma barreira para a empatia tão necessária, exercendo força semelhante à diferença religiosa. O rabi David Wolpe, ao comentar sobre judeus iranianos imigrantes nos Estados Unidos que apoiaram a barreira contra a imigração efetuada pelo presidente estadunidense Donald Trump, lembrou que, apesar da ideia de todos os seres humanos serem imagem e semelhança de Deus, "o maior presente do judaísmo ao mundo", ver "pessoas fugindo – pais, filhos, avós – e simplesmente dizer, 'Não vamos aceitá-los', é uma traição deste presente" (Wolpe, 2017, tradução nossa). Algo que os judeus iranianos, que vieram aos Estados Unidos em virtude da perseguição empreendida aos judeus no Irã pelo Ayatollah Khomeini em 1978, deveriam saber bem.

A ideia de imagem e semelhança, portanto, carregada ao longo da história das religiões e presente – ainda que de forma e em medidas diferentes – em diversas religiões, pode muito bem servir para embasar uma proposta ética para cada religião, bem como, em certa medida, fundamenta a ideia de uma ética global inter-religiosa e ecumênica, a ser consolidada especialmente sobre a defesa da dignidade humana (Howard, 2013).

Mesmo em sua versão cristã, aparentemente mais complexa de se lidar, a ideia de imagem e semelhança, ou *imago Dei*, pode servir, como propôs Moltmann (citado por Ratnaraj, 2003), para a constituição dos fundamentos de uma proposta ética e teológica de direitos humanos, como bem salientou Ratnaraj (2003) em sua dissertação de mestrado. Assim, ainda que pensemos a *imago Dei* como uma imagem e semelhança da Trindade, ou seja, como *imago Trinitatis*, como o fazia Moltmann (citado por Nengean, 2013), abre-se a possibilidade de constituição de uma ética que se fundamenta sobre a valorização da vida e, em especial, da vida humana. Segundo Nengean (2013), contudo, essa percepção da imagem divina limita-se à formatação cristã de Moltmann, não cumprindo sua intenção de construir uma teologia que responda a questões de ordem política e socioeconômica. Mas seria possível tirarmos conclusões e aplicações socioeconômicas e políticas de uma doutrina religiosa como a da *imago Dei*?

Ao olharmos para o passado recente, não é difícil observar exemplos de pessoas que, preocupadas com problemas urgentes de ordem política e econômica, utilizaram-se da *imago Dei* para realizar uma revolução de caráter social. Um exemplo foi o militante cristão negro Martin Luther King Jr. (1929-1968), que, segundo Wills (2009), valeu-se desse princípio teológico para afirmar o direito e o poder de transformar a sociedade em uma comunidade humana mais justa e permeada pelo amor.

No entanto, as implicações das perspectivas religiosas a respeito do valor da vida humana na ética cristã vão além da imagem e da semelhança. Klemz (2012), por exemplo, defende que o suicídio assistido, também conhecido como *eutanásia voluntária*, não deixa de ser um juízo praticado pelo ser humano que, na verdade, "estaria reservado unicamente para Deus" (Klemz, 2012, p. 87). A autora não embasa, porém, sua posição no valor fundamental do ser humano e da vida humana, nem na *imago Dei*, mas na dignidade do próprio ser humano e no valor da vida "provenientes do amor de Deus e não do valor encontrado no próprio ser humano" (Klemz, 2012, p. 87).

Em sentido oposto, o teólogo Von Sinner (2013) argumenta que a Igreja tem como tarefa assistir as pessoas ao morrerem, e isso pode incluir ajudar as pessoas a morrer, por exemplo, por meio do suicídio assistido. Ele não busca, com isso, incentivar a morte. Pelo contrário, sabe bem e parte do pressuposto cristão que "preservar a vida é tarefa bem mais nobre do que preparar ou até propiciar a morte" (Von Sinner, 2013, p. 290).

Como, então, podemos permitir a morte de alguém considerando o mandamento *Não matarás*? Segundo Von Sinner (2013, p. 290), "ele nunca foi tido como absoluto na história do cristianismo, uma vez que se autorizou matar em guerras, em legítima defesa e na pena de morte". O mais importante, então, não é a absolutização do mandamento, mas sua leitura segundo a interpretação de Jesus sobre a lei, reduzida ao amor a Deus e ao amor ao próximo.

É fundamentado no amor ao próximo, portanto, que o teólogo argumenta a favor do suicídio assistido. Não o propõe como regra geral ou obrigação, mas como opção diante do respeito e do amor àquele que, em sua própria decisão, escolher pelo suicídio por conta de uma doença terminal, uma grave deficiência ou outras circunstâncias semelhantes. Tal como evita uma absolutização da proteção à vida que ignore o indivíduo, também busca fazer uma absolutização da autonomia, que não tome o suicídio em sua seriedade como algo "algo irreparável, de caráter definitivo, que exige o maior cuidado possível" (Von Sinner, 2013, p. 293). Assim, a abertura que ele faz à possibilidade do suicídio assistido não excusaria o cristão de mostrar o valor da vida àquele que deseja a morte. No entanto, ao mesmo tempo deve ter em mente que "ninguém pode ser obrigado a compreender sua vida como dádiva de Deus" (Von Sinner, 2013, p. 293).

Sua proposta, portanto, não fecha os olhos para a teologia cristã, mas busca apresentar uma ética cristã que pondere o fato de que cada caso é particular e individual: "Os princípios éticos gerais, por mais importantes que sejam, esbarram no 'caso' concreto de uma vida humana e na responsabilidade que o entorno, também a igreja, tem ao acompanhá-la" (Von Sinner, 2013, p. 293).

Quanto ao questionamento de se estar assumindo um papel de decisão sobre a vida que caberia somente a Deus, o teólogo parece ter uma resposta questionadora: "Caso se pressuponha que é Deus quem decide sobre o fim da vida, é pertinente perguntar se os constantes empenhos do ser humano na prorrogação da vida não seriam também ingerências na atuação de Deus" (Von Sinner, 2013, p. 290). E, diante da possibilidade de fim da vida, chama os cristãos para a responsabilidade da escolha: "Quem decide sobre o fim da vida? Parece que Deus se despediu já há tempo dessa tarefa. Os seres humanos mexem diariamente com ela, prorrogando-a ou abreviando-a" (Von Sinner, 2013, p. 294).

Seguindo caminho parecido, reivindicando a responsabilidade ao ser humano, Presser (1963) defendeu, em um artigo de décadas atrás, a possibilidade de um cristão apoiar a pena de morte. Em vez de fundamentar tal posição ética na individualidade humana, enfatizou a importância da coletividade, indicando que, diante da pergunta se as pessoas não estariam "arrogando para si algo que compete a Deus", cabe lembrar que "o ser humano poderá dispor da vida do seu semelhante caso o estado possua uma autoridade que assegure esse direito de dispor sobre a vida humana" (Presser, 1963, p. 8).

Presser (1963) chega a tal conclusão por meio de sua ideia de ética cristã, que parte do pressuposto de que "a ética encara o estado como instituído por Deus" (Presser, 1963, p. 8), e pela atenção ao Antigo Testamento, no qual a pena de morte era aplicada não somente a assassinos, mas também aos culpados por feitiçaria (Bíblia. Êxodo, 2013, 22: 17), por falsa profecia (Bíblia. Deuteronômio, 2013, 18: 20) e por adultério (Bíblia. Levítico, 2013, 20: 10). No caso da morte de um assassino, o carrasco do condenado não estaria vingando a família prejudicada, mas agindo como "encarregado de Deus" (Presser, 1963, p. 3).

Outros autores, com opinião semelhante quanto à pena de morte, buscam indicar que o desrespeito divino não se encontra na pena de morte, mas no assassino condenado por esta. Logo, buscam resgatar, a fim de embasar sua argumentação, o texto de Gênesis: "A todo que derramar sangue, tanto homem como animal, pedirei contas; a cada um pedirei contas da vida do seu próximo. Quem derramar sangue do homem, pelo homem seu sangue será derramado; porque à imagem de Deus foi o homem criado" (Bíblia. Gênesis, 2014, 9: 5-6).

Nessa leitura do texto, a imagem de Deus não protege a vida do assassino, por ser considerada sagrada, mas dá razão à pena de morte (Davis, 1993). Semelhantemente, o desrespeito à vida humana e a desumanização não seriam próprios da pena de morte, mas do assassinato cometido e que deve ser punido: "Há uma estranha mudança de lógica no chamar a pena capital de desumana. Foi a desumanidade na forma de crime que exigiu as consequências capitais. O ato desumano foi realizado pelo criminoso no ato do assassinato, não contra o criminoso na pena capital" (Geisler, 1991, p. 209).

As posições de Von Sinner a favor do suicídio assistido e de Presser e outros a favor da pena de morte, porém, não são as únicas perspectivas cristãs possíveis. Como lembra Harrelson (1987, p. 142), o teólogo protestante Karl Barth, ao refletir sobre o mandamento judaico *Não matarás*, propôs a aplicação deste de uma forma bastante ampla, como um mandamento de que não se deve ter a diposição para tirar a vida humana. Segundo Barth, o mandamento diria respeito ao "assassínio, pena de morte, guerra, aborto, eutanásia, formas de controle de natalidade, suicídio" (Harrelson, 1987, p. 142) e a quaisquer outras circunstâncias possíveis semelhantes. Como resultado, caso sigamos a perspectiva de Barth, como adverte Harrelson (1987, p. 143), poderemos acabar entrando "num sem-número de questões morais fundamentais que se apresentam à humanidade hoje, de onde pode ser que não haja saída!".

Contra todas as práticas mencionadas – assassinato, pena de morte, guerra, aborto, eutanásia, formas de controle de natalidade e suicídio –, podemos argumentar, sob a perspectiva religiosa e, principalmente, cristã, que tais práticas não devem ser realizadas, em nome do valor da vida humana e de sua sacralidade. Contra essa absolutização, como indicou Von Sinner (2013), há a realidade prática e individual, que evidencia a particularidade de cada caso e de cada situação, tornando a aplicação ética das fundamentações religiosas um verdadeiro labirinto mental, do qual, se estabelecermos uma absolutização generalizante, como bem indicou Harrelson (1987), será difícil encontrarmos uma saída.

Seja como for, fica evidente que, quando se trata do valor da vida humana – seja para apoiar ou para combater as práticas indicadas –, a principal fundamentação está justamente nas religiões, que, além de falar de Deus, apresentam valorizações particulares da vida e, em especial, da vida humana. Desse modo, mesmo que muitas vezes sejam cansativas, frustrantes e até mesmo confusas as discussões em torno das questões éticas de vida e morte das pessoas, elas deixam claro como as religiões estabeleceram a consciência, para a humanidade, de que a vida humana é um assunto sério. Mais do que respostas absolutas, portanto, as religiões desafiam – tanto coletiva quanto individualmente – as pessoas a não tomar decisões precipitadas quando o assunto é algo que, além de delicado, é sagrado. E, assim, como bem indicou Brockopp (2008, p. 5, tradução nossa), "conforme a ciência prova os limites da vida humana, a orientação religiosa se torna mais essencial".

Síntese

Neste capítulo, analisamos inúmeras questões éticas, como o suicídio, o aborto, a eutanásia, as quais dependem fundamentalmente de uma definição a respeito do valor da vida humana. Logo, as religiões, em razão de ser verdadeiros baluartes da valorização da vida humana, tornam-se particularmente importantes no que diz respeito à reflexão ética atual sobre tais assuntos.

O judaísmo, por exemplo, em seus textos sagrados, traz uma concepção a respeito do ser humano que enfatiza seu valor e o eleva à categoria de imagem e semelhança de Deus, tornando a vida humana não apenas relevante, mas também sagrada.

Já o cristianismo, que também adota a ideia judaica de imagem e semelhança, limita-a, indicando que esta foi apagada ou pelo menos diminuída em decorrência do pecado de Adão e que, por isso, é necessária a obra de Jesus Cristo, o "novo Adão", para que a imagem e a semelhança sejam plenamente resgatadas. Desse modo, apesar de haver uma valorização do ser humano, os cristãos limitam a si mesmos o pleno valor da humanidade, apontando, muitas vezes, a própria filiação divina como uma conquista por meio da fé em Jesus mais do que uma característica de toda a humanidade. Ainda assim, toda a criação e, principalmente, o ser humano explicitam em grande medida quem é Deus, uma vez que a Trindade, embora seja uma concepção tão obscura, pode ser mais bem compreendida pela sua obra na criação.

O islamismo, diferentemente do cristianismo, não coloca em Adão a culpa de todos os pecados, nem indica um distanciamento absoluto da humanidade em relação a Deus por conta de sua "queda". Logo, considera a razão humana como qualidade que permite ao ser humano perceber e reconhecer Deus, além de refletir a ele. É na razão, portanto, que o islamismo concebe a maior imagem e semelhança de Deus na humanidade.

Quanto ao budismo, a despeito de não adotar a doutrina de imagem e semelhança tal como as religiões abraâmicas, não deixa de valorizar a vida e, em especial, a vida humana. Afinal, para além do preceito da não violência, qualquer tipo de agressão à vida humana é particularmente terrível por prejudicar a vida que, no ser humano, faz-se reflexo da natureza do Buda, ainda que de modo latente.

Todas essas concepções religiosas a respeito da vida humana podem e devem ser aplicadas à ética, definindo e orientando ações e perspectivas a respeito de decisões e relações humanas. Nesse sentido, transferir as ideias teóricas das religiões sobre a vida humana para ações práticas não é uma tarefa fácil. Cada religião, por mais claras que estejam suas doutrinas, poderá ter diferentes perspectivas e apoiar diversas posturas perante cada problema ético enfrentado. Mesmo assim, a valorização da vida humana, tão presente em cada uma das religiões aqui abordadas, independentemente das decisões que seus adeptos venham a fazer, serve como alerta à humanidade, para que percebamos o quão séria é uma decisão que impacte um ser humano e, principalmente, o quão sagrada é a vida humana.

ATIVIDADES DE AUTOAVALIAÇÃO

1. Que elemento presente em alguns seres vivos era proibido de ser consumido, segundo a Bíblia hebraica, por ser considerado a "vida" do corpo?
   A] Carne.
   B] Sangue.
   C] Ossos.
   D] Gordura.
   E] Chifres.

2. No cristianismo, a ideia de imagem e semelhança de Deus, conhecida como *imago Dei*, é relacionada a Jesus Cristo, tido como perfeita imagem de Deus, a qual recupera a semelhança do ser humano com Deus, perdida pelo pecado de:
   A] Noé.
   B] Moisés.
   C] Davi.
   D] Eva.
   E] Adão.

3. Segundo o islamismo, que capacidade humana permite que o homem possa conhecer e reconhecer a Deus, assim como reflete a imagem divina no ser humano?
   A] Razão.
   B] Sentimento.
   C] Emoção.
   D] Visão.
   E] Olfato.

4. Que ação os monges budistas vietnamitas, na década de 1960, praticaram e, por isso, foram considerados mártires?
   A] Mataram judeus.
   B] Mataram muçulmanos.
   C] Mataram animais.
   D] Suicidaram-se.
   E] Mataram cristãos.

5. Que prática o teólogo Rudolf Von Sinner busca defender, mesmo que de modo cuidadoso, conforme o mandamento de amor ao próximo?
   A] Aborto.
   B] Pena de morte.
   C] Suicídio assistido.
   D] Eutanásia.
   E] Genocídio.

Atividades de aprendizagem

Questões para reflexão

1. Quais são as semelhanças e as diferenças entre as concepções do judaísmo, do cristianismo, do islamismo e do budismo a respeito do valor da vida humana? Para melhor desenvolver o tema, sugerimos a elaboração de um quadro comparativo, indicando também os fundamentos básicos dessas concepções.

2. Quais assuntos éticos constituem desafios atuais e dependem, em certa medida, da ideia de valor da vida humana? Aponte, pelo menos, sete.

Atividade aplicada: prática
1. Entreviste lideranças religiosas para conhecer suas opiniões a respeito do suicídio, do aborto e da eutanásia. Questione as fundamentações que embasam essas opiniões. Depois, verifique em que medida os argumentos colhidos se aproximam e se afastam do que foi apresentado neste capítulo.

Lembre-se de que, apesar de haver doutrinas basilares em cada uma das religiões, sobre as quais estas se alicerçam e tomam-nas como inquestionáveis, é possível a utilização de diferentes argumentos para se estabelecer perspectivas éticas diversas em cada tradição religiosa. Um cristão, por exemplo, poderá defender ou não cada uma das práticas indicadas, dependendo do fundamento que escolher.

3
A REGRA DE OURO

Se o valor da vida humana serve como fundamento e direcionador de reflexões e definições éticas no que diz respeito à vida e à morte de seres humanos, a regra de ouro, como princípio ético de validade praticamente universal, serve como alicerce e ideia-chave para praticamente todas as formas de relações humanas e, até mesmo, de decisões éticas. De fato, sua abrangência é tal que, em razão desta, muitos acadêmicos acabam criticando a regra de ouro como vaga e crivada de dificuldades (Gensler, 2013, p. VII). Mas o que é a regra de ouro?

A regra de ouro, também conhecida como *regra áurea* ou *ética da reciprocidade*, é um princípio moral embasado na reciprocidade, que visa fundamentar toda e qualquer relação humana. Normalmente é apresentada como uma máxima em três formas:

1. forma empática: o que você desejar a si mesmo, deseje aos outros;
2. forma negativa: o que não quer que façam a você, não faça aos outros;
3. forma positiva: o que quer que façam a você, faça aos outros.

A acusação de a regra de ouro ser vaga e repleta de dificuldades, portanto, parece ser decorrente de uma percepção dessa ideia como óbvia e evidente, para além de intuitivamente acessível e fácil de se compreender (Wattles, 1996). Afinal, como bem pergunta Wattles (1996, p. 3, tradução nossa): "O que poderia ser mais fácil de se alcançar intuitivamente do que a regra de ouro?". É por isso que, por ser um preceito essencialmente intuitivo, a regra de ouro pode ser considerada como moral em vez de ética (conforme a diferença entre *moral* e *ética* apresentada na Seção 1.1 deste livro). Contudo, tomada no sentido de uma reflexão, tal como será feito neste capítulo, a regra de ouro torna-se um elemento ético, alvo de estudo e análise, a respeito de suas interpretações e suas aplicações.

Assim, apesar do aspecto universal e intuitivo da regra de ouro, um estudo desta estará incompleto e até equivocado se não levar em conta as diversas formas como é entendida e apresentada. Afinal, os diversos meios de a regra de ouro ser apresentada nas religiões carregam elementos muitas vezes sutis, que implicam não somente uma diferença de ênfase, mas também de importância. Nesse sentido, podemos considerá-la como uma regra propriamente dita ou apenas como conselho (Wattles, 1987), ou ainda podemos diferenciá-la conforme a aplicação: restrita a um tipo de pessoa, a um grupo, ou transformada em princípio geral.

Por essas razões, a regra de ouro não deve ser tratada como algo simples e evidente, como lembra Neusner (2008, p. XI), mas percebida em sua complexidade, de modo que sua universalidade não deve iludir quem a estuda, ponderando-se questões de contexto e problemas de conteúdo no que diz respeito às aplicações religiosas e éticas, que demandam estudo, requerem atenção e deixam claro o quanto a regra de ouro merece uma análise apurada.

3.1 O amor ao próximo no judaísmo

Na religião judaica, a regra de ouro aparece com uma posição bastante privilegiada: sua formulação está evidente e explícita na própria lei de Moisés, denominada *Torá*, que é formada pelos cinco primeiros livros da Bíblia hebraica, os quais os cristãos denominam *Pentateuco*. Assim, no terceiro livro da Bíblia – tanto de judeus quanto de cristãos –, no livro de Levítico, a regra de ouro é apresentada da seguinte forma: "Ame o seu próximo como a si mesmo" (Bíblia. Levítico, 2016, 19: 18). Ela aparece, portanto, em um contexto legislativo, próprio do livro de Levítico, em meio às proibições feitas ao povo de Israel:

> Não roubem. Não mintam nem enganem uns aos outros. Não desonrem o nome do seu Deus, usando-o para jurar falsamente. Eu sou o Senhor. Não explorem nem roubem o seu próximo. Não fiquem até o dia seguinte com o pagamento de seus empregados. Não insultem o surdo nem façam o cego tropeçar. Temam o seu Deus. Eu sou o Senhor. Não distorçam a justiça em questões legais, favorecendo os pobres ou tomando partido dos ricos e poderosos. Julguem sempre com imparcialidade. Não vivam como difamadores no meio do povo. Não fiquem de braços cruzados quando a vida do seu próximo correr perigo. Eu sou o Senhor. Não alimentem ódio no coração contra algum de seus parentes. Confrontem sem rodeios aqueles que errarem, para não serem responsabilizados pelo pecado deles. Não procurem se vingar nem guardem rancor de alguém do seu povo, mas cada um **ame o seu próximo como a si mesmo**. Eu sou o Senhor. (Bíblia. Levítico, 2016, 19: 11-18, grifo nosso)

Nesse texto mais longo, fica claro que o princípio *Ame o seu próximo como a si mesmo* insere-se em um contexto legislativo, bem como que o fundamento teológico para a prática: a obediência a Deus – Ele, e mais ninguém, é Senhor, estabelecendo inclusive a conduta própria nas relações humanas. Já a afirmação "Eu sou o Senhor", que aparece várias vezes ao longo do texto – quatro vezes nos oito versículos –, serve como reafirmação de um princípio anunciado no começo do Capítulo 19 de Levítico: "Sejam santos, pois eu, o Senhor, seu Deus, sou santo" (Bíblia. Levítico, 2016, 19: 2). Como bem lembra Manson (2010, p. 17), "esta é a conclusão final da ética hebraica". Desse modo, é o senhorio divino e sua santidade que servem de fundamentação para a cobrança do amor e do altruísmo nas ações realizadas pelos integrantes do povo de Israel.

No caso de Levítico 19: 18, o contexto literário também deixa claro que *próximo* se refere exclusivamente àqueles que pertencem ao povo judeu: "alguém do seu povo" (Bíblia. Levítico, 2016, 19: 18) indica que o termo *próximo* (*'amit*), nesse texto, "se aplica no presente contexto apenas aos israelitas" (Levine, 2008, p. 13). Entretanto, alguns versos depois, em Levítico 19: 34, a regra de ouro é aplicada, com base nessa anterior, àqueles que não fazem parte do povo de Israel, ou seja, aos estrangeiros: "Não se aproveitem dos estrangeiros que vivem entre vocês na terra. Tratem-nos como se fossem israelitas de nascimento e **amem-nos como a si mesmos**. Lembrem-se de que vocês eram estrangeiros quando moravam na terra do Egito. Eu sou o Senhor, seu Deus" (Bíblia. Levítico, 2016, 19: 33-34, grifo nosso).

É interessante notar que esse segundo texto se fundamenta claramente no primeiro: quando afirma "Tratem-nos como se fossem israelitas de nascimento" (Bíblia. Levítico, 2016, 19: 34), já implica o dever de considerá-los como próximos e, portanto, de amá-los, de modo que a afirmação em seguida funciona como uma espécie de indicação de que tal consideração do estrangeiro como israelita não deve ser diminuída ou limitada de alguma forma, uma vez que deve alcançar as consequências últimas esperadas na relação entre os israelitas: amar ao outro como a si mesmo.

Também vale ressaltar que, no segundo texto, diferentemente do primeiro, a máxima *amem-nos como a si mesmos* carrega uma espécie de aplicação que, por ter natureza sentimental, explicita ainda mais o caráter de regra de ouro da frase anterior: "Lembrem-se de que vocês eram estrangeiros quando moravam na terra do Egito" (Bíblia. Levítico, 2016, 19: 34). Logo, por meio da memória do povo de Israel a respeito de sua história, espera-se o estabelecimento de uma empatia dos israelitas para com os estrangeiros em Israel, percebendo-os como os próprios israelitas, quando eram estrangeiros no Egito.

Por tabela, ao fazer referência ao Egito, essa passagem estabelece um vínculo com a lei mosaica. Toda a lei é percebida, pelo povo de Israel, como parte do dom de Deus para seu povo, como uma espécie de continuação da libertação do Egito. É por esse motivo que a promulgação de leis se apresenta, na Bíblia hebraica, quase sempre atrelada "à memorização do que Deus tem feito por Israel" (Manson, 2010, p. 18). É essa compreensão que explica o fato de o livro de Gênesis, embora seja um conjunto de histórias, fazer parte da Torá, a lei de Moisés, bem como a razão de os judeus tomarem o primeiro dos dez mandamentos (Bíblia. Êxodo, 2013, 20) de forma diferente que os cristãos, entendendo como primeiro mandamento a afirmação: "Eu sou o Senhor, seu Deus, que o libertou da terra do Egito, onde você era escravo" (Bíblia. Êxodo, 2016, 20: 1).

Mas de que modo esperamos que alguém "ame" o próximo? O que é, efetivamente, esse amor? Em Deuteronômio, novamente se fala do amor ao estrangeiro, o qual não somente é vinculado (mais uma vez) ao tempo que os israelitas foram estrangeiros no Egito, mas também ao amor que Deus tem por aqueles que mais necessitam desse amor, a saber, os órfãos, as viúvas e os estrangeiros: "Ele faz justiça aos órfãos e às viúvas. **Ama** os estrangeiros que vivem entre vocês e lhes dá alimento e roupas. Portanto, **amem** também os estrangeiros, pois, em outros tempos, vocês foram estrangeiros na terra do Egito" (Bíblia. Deuteronômio, 2016, 10:18-19, grifo nosso). Desse modo, pela relação entre o amor ordenado e o amor de Deus, fica claro que a forma como Deus mostra seu amor aos estrangeiros deve ser o modo como os israelitas também devem amá-los: dando alimento e roupas (Bíblia. Deuteronômio, 2013, 10:18), ou seja, procurando mostrar amor de maneira prática, suprindo as necessidades.

O fato de existir essa lei de amor aos estrangeiros, assim como a aplicação que lhe acompanha, parece servir de aviso sobre a dificuldade de muitos judeus em aceitar os estrangeiros e tratá-los de igual para igual. Era comum os israelitas perceberem uns aos outros como "irmãos" e "vizinhos" (Manson, 2010, p. 16-17). Por outro lado, era difícil que alguém, mesmo que vivesse na comunidade judaica ou que se convertesse ao judaísmo, não sofresse qualquer tipo de preconceito por parte de pessoas da comunidade judaica.

Como indica Jeremias (1983, p. 428), apesar de, posteriormente, a conversão ao judaísmo ser considerada uma espécie de "novo nascimento" (Talmud Bavli. Yebamoth, 22a; 48b; 62a; 97b), no qual o convertido, chamado *prosélito*, tornava-se também um judeu (judeu prosélito), ao que parece, pelas fontes judaicas, em um primeiro momento, todo prosélito, uma vez que era naturalmente estrangeiro e filho de pagãos, acabava sendo considerado como alguém sem pai (Ruth Rabbah, 2.14; Talmud Bavli. Yebamoth, 98a) e, portanto, como se fosse um filho de prostituta. A questão, no fundo, parecia indicar uma espécie de dúvida: Será que os estrangeiros – mesmo quando convertidos ao judaísmo – merecem receber o mesmo amor que um israelita?

De fato, no tempo de Jesus, os judeus não discutiam a respeito do amor ao próximo ser um mandamento, mas sempre estava em questão quais seriam as exceções para esse amor. No Evangelho de Marcos, Jesus indica os dois grandes mandamentos como sendo o amor a Deus e o amor ao próximo, e um escriba concorda com ele (Bíblia. Marcos, 2013, 12: 28-34); no Evangelho de Lucas é um "mestre da lei" que aponta esses mandamentos como os principais, e Jesus concorda com ele (Bíblia. Lucas, 2013, 10: 25-29). Tais fatos, para Sanders (1990, p. 17, tradução nossa), "refletem o fato de que nenhum judeu inteligente teria discordado, e muitos teriam dado precisamente a mesma resposta".

Apesar de, segundo as palavras de Jesus em seu Sermão do Monte, existir um ditado judaico que afirma "Amarás o teu próximo e odiarás teu inimigo" (Bíblia. Mateus, 2013, 5: 43), é bem provável que tenha ocorrido, nesse caso, uma deturpação do significado do ditado na tradução da expressão aramaica para o grego. Logo, originalmente, o ditado, em aramaico, pode ter sido algo como "Tu deves amar o teu compatriota, (mas) tu não precisas amar o teu adversário" (Jeremias, 1984, p. 324, nota 44).

A questão em debate, portanto, não é o amor ao próximo, mas, como fica claro na pergunta do mestre da lei para Jesus: "quem é o meu próximo?" (Bíblia. Lucas, 2013, 10: 29), ou seja, "até onde vai a minha obrigação?" (Jeremias, 2007, p. 202). Afinal, cada grupo judaico, no tempo de Jesus, tinha sua exceção para esse mandamento: "os fariseus excluíam de seu amor os não fariseus; os essênios excluíam os 'filhos das trevas'; os rabinos excluíam quem considerassem heréticos e apóstatas" (Ruppenthal Neto, 2016b, p. 172).

Logo, as exceções propostas ao mandamento do amor eram estabelecidas com base em uma ideia de merecimento por parte de alguns e de não merecimento por parte de outros. Nesse sentido, a exemplificação de Jesus por meio da parábola do bom samaritano é apenas um modo de demonstrar como, no judaísmo, se procura destacar a importância da valorização dos estrangeiros e, inclusive, daqueles que eram tidos como pecadores.

Em sentido semelhante, visando à indicação da igualdade entre os seres humanos, surgiram alguns *agadot*, ou *lendas, contos* talmúdicos que ressaltam, como afirma Glasman (2010, p. 290), "o profundo alcance do simbolismo de ter sido só um homem criado". Assim, há interpretações da razão de Deus ter criado apenas um homem, Adão, como uma espécie de lição para toda a humanidade de que todos têm o mesmo valor. Isto é, o fato de Deus ter criado um só homem serviu como um simbolismo da unidade da humanidade e da semelhança entre os seres humanos.

Nesse sentido, explica o Talmude de Jerusalém: "Um só homem foi criado para que mais tarde ninguém tivesse o direito de dizer: Meu pai valia mais do que o teu" (Talmude de Jerusalém, Sanhedrin 4.5, citado por Glasman, 2010, p. 290). Com essa explicação, cai por terra o orgulho judaico de filiação de Abraão. E o Talmude babilônico procede de forma semelhante: "Por que se criou um só homem, sem companheiro? Para que não se dissesse que certas raças são melhores do que outras" (Talmude babilônico, Sanhedrin 37a, citado por Glasman, 2010, p. 290). Assim, a criação de Adão, único homem criado por Deus, de quem todos os seres humanos são filhos, evidencia que não há real diferença de valor entre judeus e gentios.

3.2 Jesus e o "novo mandamento"

A afirmação da igualdade entre judeus e gentios torna-se ainda mais evidente no cristianismo. Afinal, tendo nascido como uma seita do judaísmo, o cristianismo diferenciou-se deste, naquele momento, especialmente pela sua abertura à comunidade gentílica, não somente considerando os gentios convertidos como tão cristãos como os judeus convertidos, mas também buscando eliminar, com o tempo, tradições e imposições aos gentios que foram tomadas como desnecessárias, a exemplo da circuncisão.

Ao rejeitar a imposição da circuncisão aos convertidos, o cristianismo marcou sua **ruptura definitiva com o judaísmo**, que tinha no procedimento o principal elemento de sua identidade (Cohen, 2006, p. 43-44) e o pré-requisito básico para alguém ser considerado um judeu. Seria o mecanismo pelo qual um gentio podia tornar-se prosélito (Bird, 2010, p. 40), vindo a fazer parte da comunidade judaica.

O cristianismo deixou em segundo plano a aliança de Deus com Abraão, cujo símbolo principal era justamente a circuncisão (Bernat, 2009), enfatizando e destacando a nova aliança por meio do sacrifício de Jesus Cristo, bem como, em grande medida, tirou a principal barreira cultural que servia como um símbolo da diferença judaica em relação às outras culturas do contexto greco-romano (Ruppenthal Neto; Frighetto, 2017).

Na perspectiva cristã, primeiramente defendida por Paulo, mas depois adotada por toda a cristandade, levando-se em conta a proeminência da nova aliança mediante Jesus Cristo, que ultrapassa e realiza as promessas de Deus ao povo de Israel, podemos entender que, em Jesus, todos se tornam filhos de Abraão, pela fé, não sendo mais necessária a circuncisão como mecanismo de marca dessa pertença. Por isso, ao rejeitar a circuncisão, deu-se um passo importante no cristianismo a fim de se afirmar a plena **igualdade** entre todos, gentios ou judeus, em Cristo: "Não há mais judeu nem gentio, escravo nem livre, homem nem mulher, pois todos vocês são um em Cristo Jesus. E agora que pertencem a Cristo, são verdadeiros filhos de Abraão, herdeiros dele segundo a promessa de Deus" (Bíblia. Gálatas, 2016, 3: 28-29).

Desse modo, apesar de existir, naquele contexto, certo preconceito cultural, especialmente entre judeus e gentios, o cristianismo buscou eliminar tal problema no interior da religião nascente. Afinal, após constatadas dificuldades entre os cristãos helenistas e hebreus (Bíblia. Atos dos Apóstolos, 2013, 6: 1ss) – que podemos entender como os cristãos de origem judaica e os cristãos de origem gentia, ou ainda "os que se mostravam mais abertos com relação às influências do helenismo" (González, 2011, p. 32) e aqueles que eram fechados à cultura greco-romana –, a liderença cristã decidiu estabelecer um concílio para determinar o que seria levado adiante das tradições judaicas. Ao que tudo indica, como bem apontado pela Bíblia de Jerusalém (Bíblia, 2013, p. 1.911, nota b), surgia uma divisão, que estava sendo "transportada para o seio da Igreja Primitiva". A decisão dessa reunião, conhecida como *Concílio de Jerusalém*, foi rejeitar a circuncisão obrigatória e manter apenas algumas restrições judaicas: "comer alimentos oferecidos a ídolos", "consumir o sangue ou a carne de animais estrangulados" e "praticar a imoralidade sexual" (Bíblia. Atos dos Apóstolos, 2016, 15: 29).

Para os judeus daquele contexto, essa abertura à comunidade gentílica foi tomada como uma verdadeira helenização, ou seja, uma abertura e uma adaptação à cultura grega da época. E, de fato, não podemos negar que a cultura greco-romana exerceu "uma profunda influência na mente cristã" (Jaeger, 2002, p. 14). Apesar de o cristianismo ser, originalmente, "um produto da vida religiosa do judaísmo", conforme se afastava deste, aproximou-se da cultura e filosofia gregas, não somente cristianizando "o mundo de língua grega", mas também promovendo, inversamente, uma "helenização da religião cristã" (Jaeger, 2002, p. 15 - 16).

No entanto, para os primeiros cristãos, a abertura à comunidade gentílica indicava algo muito mais relevante: que a obra redentora de Cristo estabelece uma igualdade em toda a humanidade por meio da conversão. Assim, a circuncisão foi substituída pelo **batismo** (Bíblia. Colossenses, 2013, 2: 11-12), marcando a entrada de alguém ao "povo eleito", e buscando destacar a importância da fé e da prática do amor em detrimento das práticas rituais: "Pois em Cristo não há benefício algum em ser ou não circuncidado.

O que importa é a fé que se expressa pelo amor" (Bíblia. Gálatas, 2016, 5: 6).

Pela fé em Jesus Cristo, todos se tornam um em Cristo e, consequentemente, apagam as diferenças que antes eram evidentes – diferenças étnicas, sociais e de gênero perdem o valor: "Não há mais judeu nem gentio, escravo nem livre, homem nem mulher, pois todos vocês são um em Cristo Jesus" (Bíblia. Gálatas, 2016, 3: 28). Do mesmo modo, pelo senhorio de Cristo, toda imposição de leis religiosas perde o valor, uma vez que todos são submetidos a uma nova ordem, sob o comando de Jesus: "não há diferença entre judeus e gentios, uma vez que ambos têm o mesmo Senhor" (Bíblia. Romanos, 2016, 10: 12). Nesse sentido, todos os cristãos se encontram na mesma situação, de ambiguidade: todos são libertos por Cristo do pecado e da morte, ao mesmo tempo em que se tornam, pela conversão, servos de Jesus: "aquele que era escravo quando chamado no Senhor, é liberto do Senhor" e, "da mesma forma, aquele que era livre quando foi chamado é escravo de Cristo" (Bíblia. 1 Coríntios, 2016, 7: 22). Há, portanto, uma **nova ordem**. Mas que ordem é essa?

Podemos dizer que a ordem proposta pelo cristianismo é a ordem fundamentada no amor. Afinal, como bem destacou Paulo em suas cartas, o amor se torna, para o cristão, o mais importante: ainda que alguém tenha dons espirituais ou até mesmo uma fé de mover montanhas, tais coisas perdem o valor se não houver também o amor (Bíblia. 1 Coríntios, 2013, 13: 1ss). O amor é, portanto, maior do que a fé e a esperança (Bíblia. 1 Coríntios, 2013, 13: 13). Logo, é o amor que indica se alguém tem ou não relação verdadeira com Deus: "Quem ama é nascido de Deus e conhece a Deus. Quem não ama não conhece a Deus, porque Deus é amor" (Bíblia. 1 João, 2016, 4: 7b-8).

O cristão, porém, não deve amar somente a Deus, mas também o próximo. Nisso, o cristianismo parece seguir o direcionamento proposto pelo judaísmo. No entanto, Jesus, ao ensinar seus discípulos sobre amar uns aos outros, afirmou que estava dando "um novo mandamento" (Bíblia. João, 2016 13: 34). Ora, como o mandamento de Jesus de amar ao próximo pode ser "novo" se o judaísmo anterior já o havia apresentado? Cabe aqui uma reflexão a respeito da forma como o judaísmo e o cristianismo entenderam os mandamentos e, em especial, o mandamento *Amar ao próximo como a si mesmo*.

No caso do judaísmo, já se sabia bem, no tempo de Jesus, que os mandamentos podem ser resumidos em preceitos mais gerais, de modo a considerar a Lei de Moisés de uma forma mais resumida. Conforme indica o Talmude babilônico, o Rabbi Simelai explicou, ao longo dos textos da Bíblia hebraica, os vários mandamentos da lei mosaica são resumidos até se tornarem apenas um:

> Rabbi Simelai explicou: "seiscentos e treze mandamentos foram dados a Moisés, [sendo] trezentos e sessenta e cinco mandamentos negativos [proibições] correspondendo aos dias do ano solar, e duzentos e quarenta e oito mandamentos positivos, correspondendo às partes do corpo humano. Davi veio e reduziu estes para onze [Sl 15] [...] Isaías veio e os reduziu a seis [Is 33.25-26] [...] Miquéias veio e o reduziu a três [Mq 6.8] [...] Isaías veio novamente e os reduziu a dois [Is 56.1] [...] Amós veio e os reduziu a apenas um, como está dito, 'Assim diz o Senhor à casa de Israel: me buscai e vivei' [Am 5.4]. Habacuque então veio e baseou-os em um, como está dito, 'O justo viverá por fé' [Hb 2.4]". (Talmude babilônico, Makkot 24a-b, citado por Neusner, 2001, p. 107-108, tradução nossa)

Todos os mandamentos, portanto, podem ser resumidos na fé, como destacou Habacuque. É pela fé que o crente realiza todos os mandamentos da lei, buscando fazer a vontade de Deus. Esse mesmo preceito presente no profeta Habacuque, porém, é retomado no cristianismo por Paulo, justamente a fim de negar a possibilidade de salvação de alguém pela lei, contrastando lei e fé: "É evidente, portanto, que ninguém pode ser declarado justo diante de Deus pela lei. Pois as Escrituras dizem: 'O justo viverá pela fé'. A lei, porém, não é baseada na fé, pois diz: 'Quem obedece à lei viverá por ela'" (Bíblia. Gálatas, 2016, 3: 11).

Há, no cristianismo, uma tentativa de superação da lei: os cristãos dizem estar "libertos" dela (Bíblia. Romanos, 2016, 7: 6), uma vez que com o sangue de Jesus Cristo (Bíblia. Hebreus, 2013, 9: 18), ou seja, com sua morte, é instaurada uma nova aliança, fundamentada não na lei, mas na graça (Bíblia. Romanos, 2013, 6: 14). Mesmo assim, a lei permanece como importante, já que o próprio Jesus afirmou que não veio revogar a lei, mas cumpri-la (Bíblia. Mateus, 2013, 5: 17). No entanto, por estar abaixo da graça, a lei se transforma: não é mais fundamentalmente uma restrição ou imposição de mandamentos, mas a materialização da própria fé do crente em atitudes que refletem a compreensão do sacrifício de Jesus como maior demonstração de amor.

Podemos perceber essa mudança de forma mais clara quando comparamos as formulações da regra de ouro feitas por Hillel, um mestre fariseu, e Jesus. Conforme registra o Talmude babilônico, quando Hillel foi questionado, por um gentio que queria tornar-se judeu, a respeito da lei, o mestre fariseu a resumiu a somente um preceito: "Tudo o que te parece nocivo a ti, não o faças a outrem; isto é toda a Torá. Todo o resto não passa de comentário. Vai e aprende" (Talmude babilônico, Shabbat 31a, citado por Jeremias, 1984, p. 321). Ao que tudo indica, Hillel apresenta essa sua ideia como uma evolução progressiva (Schubert, 1979, p. 40) do princípio de *Amar ao próximo como a si mesmo* presente em Levítico. *Amar ao próximo*, portanto, parece ter sido entendido em boa medida, pelo judaísmo do tempo de Jesus (Hillel viveu apenas uma geração antes de Jesus), como *não fazer o mal ao próximo*: "Tudo o que te parece nocivo a ti, não o faças a outrem" (Talmude babilônico, Shabbat 31a, citado por Jeremias, 1984, p. 321). Jesus, porém, resume a lei de forma diferente:

> "Mestre, qual é o maior mandamento da Lei?" Respondeu Jesus: "Ame o Senhor, o seu Deus de todo o seu coração, de toda a sua alma e de todo o seu entendimento". Este é o primeiro e maior mandamento. E o segundo é semelhante a ele: "Ame o seu próximo como a si mesmo". Destes dois mandamentos dependem toda a Lei e os Profetas. (Bíblia. Mateus, 2014, 22: 36-40)

Ora, mas não é essa uma citação do texto de Levítico 19: 18? Sim, porém Jesus, em outra situação, indica uma reformulação do mesmo texto em uma espécie de regra de ouro: "Assim, em tudo, façam aos outros o que vocês querem que eles lhes façam; pois esta é a Lei e os Profetas" (Bíblia. Mateus, 2014, 7: 12). Ao colocar a regra de ouro em forma positiva (*façam*) ao invés da forma negativa (*não o faças*) de Hillel, Jesus estava apontando para uma dimensão do amor que não fosse passiva, mas ativa. Cabe a cada um amar não somente deixando de fazer o mal, mas também praticando o bem. Cada pessoa deve deixar de fazer o que não gostaria de sofrer e fazer aquilo que gostaria de receber – uma mudança que traz consigo uma notável diferença, como bem indicou Jeremias (1988, p. 8-9):

> a Regra de Ouro é expressa em forma afirmativa por Jesus e em forma negativa por Hillel. Notável diferença. Hillel diz: "Guarda-te de prejudicar a teu próximo"; e Jesus: "O amor que desejarias receber, mostra-o para com teu próximo". Oferecer amor é bem mais do que deixar de prejudicar.

É interessante notar que, embora Hillel embase-se no mesmo texto que Jesus, as formulações são diferentes: uma é negativa, e a outra, positiva. Assim, não devemos exagerar essa mudança (Sanders, 1990), uma vez que ambas as formulações tiveram o mesmo fundamento, o qual, na verdade, se apresentava em forma positiva. Portanto, o aspecto positivo da regra de ouro antecede Jesus. Contudo, ao que tudo indica, a tomada do preceito do amor ao próximo como uma verdadeira regra de ouro, ou seja, como um princípio geral e um resumo da lei, não aparece antes de Jesus, no judaísmo, de forma positiva.

King (1928, p. 272), em um artigo bastante antigo, chegou a indicar o que seriam formulações positivas da regra de ouro no judaísmo: "Assim como um homem cuida de sua própria honra, deve cuidar da honra de seu próximo" (*Abot de Rabbi Nathan* XV.1, citado por King, 1928, p. 272, tradução nossa); "Que a propriedade de seu próximo lhe seja preciosa a ti como é a sua própria" (*Abot de Rabbi Nathan* II.16, citado por King, 1928, p. 272, tradução nossa). Acontece que ambos os casos, apesar de parecerem formulações positivas, não implicam ações, mas cuidados: não devemos falar mal do próximo, a fim de cuidarmos da nossa honra, nem usurpar a propriedade alheia, como é explicado no próprio texto: "assim como ele não deseja que sua honra seja mal falada, que deseje não espalhar palavras negativas sobre a honra de seu próximo" (*Abot de Rabbi Nathan* XV.1, citado por King, 1928, p. 272, tradução nossa).

Em contraste com a religião farisaica do cuidado e da lei, o cristianismo se propõe como a religião do amor e da prática. Assim, Tiago busca indicar "a religião pura e sem mácula" como sendo "cuidar dos órfãos e das viúvas em suas dificuldades e não se deixar corromper pelo mundo" (Bíblia. Tiago, 2014, 1: 27). Essa cobrança de ação é tal que Tiago lembra seus leitores que peca não somente quem faz o mal, mas também quem deixa de fazer o bem: "Quem sabe que deve fazer o bem e não o faz, comete pecado" (Bíblia. Tiago,

2014, 4: 17). Ao mesmo tempo, não devemos exagerar na distância entre Jesus e os judeus de seu tempo, uma vez que a maior distância não está na dimensão do amor, como prática, mas em sua extensão. Isso pode ser percebido no contraste com o livro de Tobias:

> A ideia de que não se deve somente deixar de fazer o mal, mas também realizar o bem certamente já estava presente no Antigo Testamento. Na Septuaginta, temos esta ideia bastante clara. Tobit, por exemplo, pressentindo sua morte, aconselha seu filho Tobias não somente a guardar-se de "jamais fazer a outrem o que não quererias que te fosse feito" (Tb 4.16), mas também a ajudar os necessitados, seja pela esmola (4.7-12), ou pelo alimento (4.17-18) e roupas (4.17). Estas ações de bondade, porém, não alcançam a dimensão e profundidade do amor cristão, uma vez que são restritas: "mas não comas nem bebas na companhia dos pecadores" (Tb 4.18b). (Ruppenthal Neto, 2016b, p. 168)

O livro de Tobias amplia a dimensão da lei, não a limitando à regra de ouro em forma negativa, mas a complementando com a indicação da importância de ações de misericórdia. Essa misericórdia, porém, é restrita a certas pessoas, não devendo ser aplicada aos pecadores: "mas não comas nem bebas na companhia dos pecadores" (Bíblia. Tobias, 2013, 4: 18b). Nem todos, portanto, devem ser alvo dessa prática de amor. Como indicam os textos dos Manuscritos de Qumran, a comunidade do Mar Morto era ensinada a "amar todos os filhos da luz", mas a "odiar todos os filhos das trevas" (I QS 1.9-11, citado por Jeremias, 1986, p. 145).

Jesus, de modo diverso de Tobit, ensina o amor ao próximo independentemente de quem seja. Como bem indicou na parábola do bom samaritano, até mesmo alguém de religião diferente pode ser considerado como próximo. Para além disso, quando foi criticado pelos fariseus e pelos mestres da lei por se reunir e comer com pecadores (Bíblia. Lucas, 2013, 15: 2), buscou esclarecer que os pecadores são justamente os maiores alvos do amor de Deus. As parábolas da ovelha perdida (Bíblia. Lucas, 2013, 15: 1-7), da moeda perdida (Bíblia. Lucas, 2013, 15: 8-10) e do filho perdido (Bíblia. Lucas, 2013, 15: 11-31), esta última mais conhecida como *parábola do filho pródigo*, procuram explicar que Deus ama tais pecadores e quer resgatá-los. Somente amando todos, o cristão pode ser parecido com seu Deus, uma vez que Deus ama todos sem distinção. É justamente nesse amor que os cristãos buscam a perfeição e santidade, para refletir a Deus:

> Vocês ouviram o que foi dito: "Ame o seu próximo e odeie o seu inimigo". Mas eu lhes digo: Amem os seus inimigos e orem por aqueles que os perseguem, para que vocês venham a ser filhos de seu Pai que está nos céus. Porque ele faz raiar o seu sol sobre maus e bons e derrama chuva sobre justos e injustos. Se vocês amarem aqueles que os amam, que recompensa receberão? Até os publicanos fazem isso! E se vocês saudarem apenas os seus irmãos, o que estarão fazendo de mais? Até os pagãos fazem isso! Portanto, sejam perfeitos como perfeito é o Pai celestial de vocês. (Bíblia. Mateus, 2014, 5: 43-48)

Ao incluir os pecadores e os inimigos na dimensão do amor, Jesus, além de se distanciar da prática judaica de *amor ao próximo*, também mostrou que, a despeito de sua formulação indicar uma fundamentação própria de regra de ouro no amor a si mesmo (*ama a teu próximo como a ti mesmo*), parece haver outro fundamento principal: o amor a Deus. Assim, amar a Deus e amar o próximo são, em conjunto, os dois maiores mandamentos, ou ainda o maior mandamento apresentado em seu preceito (*amar a Deus*) e em sua prática (*amar o próximo*).

Mesmo Bultmann (2005, p. 123), que buscou destacar que os dois mandamentos não são idênticos, admitiu que "assim como só consigo amar o próximo se entrego minha vontade inteiramente à vontade de Deus, assim só consigo amar a Deus querendo o que ele quer, ou seja, amando realmente o próximo". E, como bem lembra João: "Se alguém afirmar: 'Eu amo a Deus', mas odiar seu irmão, é mentiroso, pois quem não ama seu irmão, a quem vê, não pode amar a Deus, a quem não vê. Ele nos deu este mandamento: Quem ama a Deus, ame também seu irmão" (Bíblia. 1 João, 2014, 4: 20-21).

Por essa razão, podemos pensar que, apesar de não ser completamente "novo", o mandamento de Jesus a respeito do amor ao próximo, pela sua formulação particular em forma positiva, por sua dimensão de amor em sentido prático e, principalmente, por sua extensão, pode ser considerado um mandamento com significativa novidade. É novo, portanto, ao mesmo tempo que não é, como indicou João: "Amados, não lhes escrevo um mandamento novo, mas um mandamento antigo, que vocês têm desde o princípio: a mensagem que ouviram. [...] Esta é a mensagem que vocês ouviram desde o princípio: que nos amemos uns aos outros" (Bíblia. 1 João, 2016, 2: 7; 3; 11).

Vale ressaltar, ainda, que, para além do que Jesus ensinou, há aquilo que seus seguidores entenderam e aplicaram ao longo do tempo. Assim, a regra de ouro de Jesus, esse "novo" mandamento cristão, tão semelhante ao "antigo" mandamento judaico, passou por um processo de interpretação e também de aplicação que, em grande medida, buscou diferenciá-lo da proposta judaica, de modo que se acabou criando um "abismo", que, caso exista, talvez não seja tão grande quanto se imagina (Chilton, 2008).

3.3 A regra de ouro no Islã

Inúmeras vezes, o Alcorão cobra de seus leitores que façam "boas obras", sem, no entanto, especificar o que são *boas obras*. Há casos, evidentemente, que se indica o que o crente deve fazer e como deve proceder. No entanto, há também trechos nos quais simplesmente se exorta o leitor a fazer o bem sem informações específicas. Nesses casos, é "criada a expectativa de uma prescrição detalhada, sem satisfazer tal expectativa" (Reinhart, 2005, p. 248), como se o próprio Alcorão assumisse que seus leitores sabem reconhecer entre o que é e o que não é uma boa ação. Tal situação fica ainda mais evidente quando percebemos que o significado literal de *al-ma'ruf*, um termo árabe comum para *bem*, é *o conhecido*, de modo que podemos deduzir que, "porque é conhecido, não é especificado" (Reinhart, 2005, p. 248).

Desse modo, mesmo em sua ausência, a regra de ouro parece vir à tona, pois, nesse tipo de situação, é natural que qualquer pessoa familiarizada com a ética procure encontrar, no texto do Alcorão, alguma espécie de regra de ouro para definir o que é o *bem* e uma *boa ação* (Reinhart, 2005). Não encontrar uma máxima desse tipo, nem uma definição explícita do que é uma boa ação, portanto, é uma dica para entender a construção ética que o Alcorão apresenta. Segundo Reinhart (2005, p. 248), isso se constitui na "chave para o desenvolvimento histórico da ética islâmica".

Assim como a ética do Alcorão demonstra pressupor a existência de uma espécie de "lei natural", intuitiva a todo ser humano, o próprio desenvolvimento histórico da ética islâmica parece ser marcado pela "tensão estrutural entre a aparição de uma tradição altamente prescritiva, e a falta de um tratado de prescrição ética" (Reinhart, 2005, p. 248). É como se coubesse à ética islâmica somente pensar e verificar as aplicações do fundamento desta, não sendo necessário estabelecer ou discutir tal fundamento, como se fosse pressuposto e universalmente conhecido e reconhecido.

Essa característica pode ser explicada pelo fato de que, apesar da particularidade do islamismo, trata-se de uma religião consideravelmente recente (em comparação às demais), que se estabeleceu, de modo bastante explícito, sobre as bases já bem fixadas pelas religiões anteriores, em especial pelo judaísmo e pelo cristianismo, os quais são fontes das quais bebe, mesmo que para estabelecer uma reinterpretação. Nesse sentido, é possível que tal reinterpretação se tenha limitado, no campo ético, à aplicação de como o bem deve ser praticado, mas não tanto na definição do que é uma boa ação, já bem conhecida pelo desenvolvimento da regra de ouro no judaísmo e no cristianismo. Afinal, em grande medida, como destaca Gensler (2013, p. 36), o cristianismo e o islamismo construíram suas ideias éticas e noções sobre Deus com base no conteúdo transmitido pela tradição judaica.

Não obstante essa influência, o islamismo apresenta aspectos éticos particulares ou, pelo menos, sob uma nova luz. Embora o Alcorão não defina uma *boa ação*, podemos pensá-la como ideia implícita, pela inversão da má ação típica dos fraudadores, conforme é apresentada no começo da 83ª Sura, *Os fraudadores*: "Ai dos fraudadores. Que, quando compram algo, por medida, aos homens, a exigem exata, e, quando lhes vendem algo, por medida ou peso, fraudam-nos" (Alcorão. 1425 [AH], 83: 1-3). Assim, invertendo a ideia da fraude, que é cobrar a justiça para si, mas não para os outros, podemos pensar a **boa ação** como a cobrança da justiça para o outro, tal como alguém cobraria para si mesmo. Por isso, além de cobrar que cada um dê a justa medida (Alcorão. 1425 [AH], 55: 9), o próprio Alcorão (o livro) e a escala de medidas (tão cara ao comércio nos tempos de Muhammad) são tomadas, pelo Alcorão, como meios de se fazer **valer a justiça** (Alcorão. 1425 [AH], 57: 25).

O que torna tal perspectiva evidente é a tradição posterior, que toma o texto do começo da 83ª Sura como uma declaração implícita da regra de ouro, bem como a desenvolve segundo a lógica comercial e da justiça, presentes no texto: "Pague, ó filhos de Adão, como vocês gostariam de ser pagos, e sejam justos tais como a justiça que amariam receber!" (Homerin, 2008, p. 102, tradução nossa).

Embora a regra de ouro não conste explicitamente no Alcorão, aparece na tradição islâmica no *hadith*, o conjunto de leis, ditos e histórias sobre a vida do profeta Muhammad, como uma espécie de elemento central e necessário para todo crente: "Nenhum de vocês crê até que ame seu irmão como ama a si mesmo!" (Homerin, 2008, p. 102, tradução nossa). Com base nisso, podemos entender a distinção que há no Alcorão entre um *muslim*, ou seja, aquele que se submete (*islam*) a Deus, e um *mu'min*, aquele que crê profundamente em Deus e em sua revelação, incorporando-os em seu coração (Homerin, 2008). Um muçulmano (*muslim*), portanto, não é um infiel por não praticar a regra de ouro, mas é aquele que não completou plenamente sua fé até que venha a amar o próximo como a si mesmo (Homerin, 2008). Parece ter existindo uma tentativa de restringir o amor ao próximo dentro da tradição muçulmana, limitando-o aos outros muçulmanos, por meio de uma modificação na tradição das palavras do profeta Muhammad: "Nenhum de vocês crê até que ame seu irmão *muçulmano* como ama a si mesmo!" (Homerin, 2008, p. 103-104, tradução nossa).

Entretanto, pela tradição islâmica, fica claro que o amor que reflete a fé muçulmana deve ser praticado a todos: aos muçulmanos e aos não muçulmanos, àqueles que conhecemos e àqueles que não conhecemos (Homerin, 2005). Logo, apesar de o Alcorão não explicitar o que é uma *boa obra*, deixa claro o que é a verdadeira fé, tomada em sentido prático e altruísta, que poderíamos denominar como **piedade**:

> A piedade não consiste em voltar a face ao Oriente ou ao Ocidente durante a prece. Piedoso é aquele que crê em Allah, no juízo, nos anjos, no Livro e nos profetas; aquele que, por caridade, reparte seus bens com os parentes, os órfãos, os necessitados, os viajantes e os mendigos; piedoso é aquele que resgata os escravos, recita as orações e paga o tributo corretamente; que cumpre suas obrigações, suportando adversidades, infortúnios e perigos. Assim são os crentes e piedosos. (Alcorão 2.177, citado por Maçaneiro, 2014a, p. 247)

É evidente, assim, que, apesar de o Alcorão não trazer uma versão explícita da regra de ouro, carrega consigo a ideia do imperativo da misericórdia do crente para com o próximo. É possível perceber isso especialmente ao atentarmos para a importância da *basmallah*, a invocação *Em nome de Allah, clemente e compassivo*, no Alcorão, a qual abre 113 das 114 Suras e, inclusive, o próprio Alcorão (Maçaneiro, 2014a).

Por fim, se Deus é conhecido principalmente pela sua clemência e pela sua compassividade, tão recorrentemente lembrada ao longo do texto sagrado pela invocação da *basmallah*, nada mais justo que aqueles que creem em Deus vivam essas características divinas, mesmo que em infinitíssima menor medida, por meio da misericórdia: "no Islã a misericórdia divina deve ser correspondida pela misericórdia humana – ainda que a relação entre ambas seja assimétrica, pois Deus nos supera infinitamente em generosidade" (Maçaneiro, 2014a). Eis um dever de todo muçulmano.

3.4 A regra de ouro nas religiões orientais

A formulação mais famosa da regra de ouro no contexto das religiões orientais encontra-se nos Analectos, atribuídos a Confúcio (551-479 a.C.): "Zigong perguntou: 'Há alguma palavra que possa guiar a conduta de uma pessoa pela vida?' O Mestre disse: 'Seria a reciprocidade [*shu*], não é? O que não quer que os outros te façam, não faça aos outros" (Confucius, 2007, p. 109, tradução nossa). Nesse texto, fica claro que o confucionismo como perspectiva ética fundamenta-se no princípio que consolida toda e qualquer formulação da regra de ouro: a reciprocidade, ou **altruísmo**.

De fato, como os livros organizados por Neusner e Chilton (2008; 2005) demonstram, a regra de ouro e o altruísmo são dois elementos presentes em inúmeras religiões, apesar de se apresentarem de formas variadas. No caso do confucionismo, porém, o altruísmo parece ter um valor diferente, tanto em razão do aspecto ético dessa religião quanto, principalmente, pelo fato de as virtudes assumirem uma importância particular.

No entanto, *shu*, que significa *altruísmo, empatia, reciprocidade*, apesar de ser importante e, nesse texto, ser indicado como o princípio guia para a conduta de toda uma vida, não está entre as cinco constantes, ou seja, as virtudes consideradas principais pelos chineses. Mesmo assim, o *shu* tem grande relevância na ética do confucionismo, uma vez que se apresenta como um caminho para se alcançar *ren*, ou *humanidade*, que é a maior das virtudes:

> Tzu-kung disse, "Se um governante puder conferir abundantemente benefícios ao seu povo e puder trazer a salvação para todos, o que você pensa dele? Você o chamaria um homem de humanidade?" Confúcio disse, "Por que somente um homem de humanidade? Ele é sem dúvida um sábio. Mesmo [os imperadores sábios] Yao e Shun fracassaram nisso. Um homem de humanidade, querendo edificar o seu próprio caráter, também edifica o caráter dos outros, e desejando ser proeminente, também busca dar proeminência aos outros. Ser capaz de julgar os outros por aquilo que nos é mais próximo pode ser chamado o método de se realizar a humanidade". (Confucius, 2007, Analectos 6.28, tradução nossa).

O termo *ren* aparece 105 vezes nos *Analectos*; é o assunto mais discutido nessa obra (Lippiello, 2010). Trata-se de um conceito-chave, já que carrega consigo a ambilavência própria da ética do confucionismo: para ser *ren*, ou *humano*, como lembra Hourdequin (2004), devemos ser atentos e responsivos ao contexto de cada situação, buscando a compreensão daqueles com quem interagimos, a consciência dos costumes sociais e das regras da condição específica a fim de seguirmos o *Dao*, o princípio celestial e a ordem da criação para alcançar harmonia interpessoal e social.

O *ren*, nesse sentido, não deve ser entendido como uma virtude estática, mas dinâmica, que engloba inúmeras outras virtudes, como lealdade, tolerância, sinceridade e generosidade, e se caracteriza pelo crescimento e pela evolução (Lippiello, 2010). A base do *ren*, a maior das virtudes do confucionismo, é formada principalmente pela disposição de amor por parte de alguém em relação aos seus familiares e aos demais seres humanos (Lippiello, 2010). É considerado a forma de se realizar todas as outras virtudes e, com o amor àquele que é próximo (familiares) e aos demais, demonstra seu caráter de crescimento. Portanto, completamos e alcançamos todas as virtudes quando passamos do amor familiar, a benevolência, ao amor a todos os seres humanos.

A lógica ética do confucionismo, desse modo, pode ser resumida a uma forma da regra de ouro **negativa**: "não imponha aos outros o que não deseja a ti mesmo" (Lau, 1979, p. 135, tradução nossa), tal como é apresentada no *Livro das Odes* (Csikszentmihalyi, 2008), ou ainda a uma forma **positiva**: "ame aos outros seres humanos" (Lau, 1979, p. 116, tradução nossa). Isso, porém, tem uma fundamentação completamente diferente do judaísmo, do cristianismo e do islamismo: não decorre da crença em um Deus onipotente e legislador, nem de princípios racionais, tampouco de algum reflexo do amor divino, mas da compreensão de que o *Dao* pode ser experimentado de modo particular e especial no tratamento correto das interações familiares e sociais, cuja harmonia é definida e criada pelas regras sociais (Cho, 2005, p. 89).

No caso do budismo, a expressão mais famosa da regra de ouro é uma frase que se encontra no Udanavarga, uma coleção de aforismos atribuídos ao Buda e seus discípulos: "não fira ao outro do modo que não gostaria de ser ferido" (Udanavarga, 5:18). Assim, solto e fora de contexto, como lembra Scheible (2008, p. 117), o preceito não parece "nem positivo nem negativo, mas condicional e relativo". No entanto, podemos apreender o princípio completo quando atentamos à frase em seu contexto:

> Atravessando todas as direções com a mente
> Não se pode encontrar ninguém tão caro como nós mesmos.
> Da mesma que forma cada um quer o melhor para si mesmo, portanto, não fira ao outro do modo que não gostaria de ser ferido.
> (Scheible, 2008, p. 117)

Assim, podemos perceber como essa regra de ouro se constrói com base em um elemento importante, que é a **autoestima**. Cada pessoa deseja o melhor para si mesma, e seu interesse próprio é natural. Nesse sentido, cada pessoa deve agir de modo que não fira o interesse próprio alheio, até porque, agindo assim, estará de acordo com seu próprio interesse. Afinal, se considerarmos a lógica de *samsara*, ou seja, da reencarnação decorrente e resultante das más ações, uma pessoa estará agindo da melhor forma para consigo mesma se praticar a *ahimsa*, ou seja, a não violência, respeitando os outros, e, consequentemente, a si mesmo, permitindo sua própria aproximação da libertação do *samsara*.

Em um dos livros sagrados do hinduísmo, o Mahabharata, a regra de ouro também aparece de forma negativa: "Este é o resumo do dever: não faça aos outros o que causaria sofrimento a você" (Mahabharata, 5: 1.517, citado por Davis, 2008, p. 146, tradução nossa). A lógica hindu pela qual sua regra de ouro é apresentada parece ser semelhante à lógica budista. Afinal, o hinduísmo, tal como o budismo, tem como elementos centrais não somente o *samsara*, mas também a *ahimsa*. No caso hindu, a fundamentação principal está na relação e na aproximação da alma, *atman*, e na divindade, *Brahman*, relação esta que resulta, inclusive, em uma unidade do indivíduo com o cosmos. Assim, podemos dizer que o embasamento da regra de ouro hindu está na "identidade ou igualdade entre os outros seres e o eu" (Davis, 2008, p. 146, tradução nossa), cujo resultado é a promoção de uma forma de conduta que busca evitar ao máximo o dano aos outros seres.

3.5 A regra de ouro ontem e hoje

Hoje, mais do que nunca, é necessário que a regra de ouro não seja aplicada apenas entre as pessoas de uma mesma religião, mas também entre pessoas de diferentes religiões. Nesse sentido, a tradição muçulmana pode contribuir com a fundamentação teológica e com um exemplo prático: embora a regra de ouro não conste explicitamente no Alcorão, ela é um elemento central da ética muçulmana, em grande medida baseada, para além do Alcorão, na tradição de *hadith* do profeta Muhammad, observando tanto suas falas quanto sua vida.

Assim, além de Muhammad ter indicado a universalidade do altruísmo a ser praticado pelo muçulmano, que deve fazer o bem "àqueles que conhece e àqueles que não conhece" (Homerin, 2005, p. 70, tradução nossa), ele também praticou esse altruísmo quando, em Medina, trabalhou por todos os grupos, muçulmanos e judeus, elencando a todos direitos e deveres em relação à defesa da cidade (Wattles, 1996, p. 192, nota 2), a fim de promover a unidade da comunidade.

Contudo, um desafio ainda maior que a prática do amor aos adeptos de outras religiões parece ser algo que, infelizmente, tem limitado o amor em cada tradição religiosa: a forma como as mulheres são vistas e tratadas. Talvez ainda mais importante do que a parábola do bom samaritano, no caso cristão, seja o relato do encontro de Jesus com a mulher samaritana (Bíblia. João, 2013, 4: 5-43), no qual mostra amor a ela ao lhe dirigir a palavra e ao lhe direcionar para fora de uma vida de pecado, não com julgamento, mas com graça e misericórdia.

Esse relato do Evangelho pode ser analisado em conjunto com dois relatos da tradição judaica, preservados no Talmude de Jerusalém (Ta'anit 1.4.1). Ambos os relatos judaicos trazem um mesmo enredo: uma pessoa comum é convocada diante de autoridades judaicas porque suas orações são sempre atendidas; tal pessoa – um comerciante que viajava sobre jumento na primeira história, e um cafetão, na segunda – chega diante das autoridades judaicas, que lhe perguntam o motivo de suas orações serem atendidas; sua resposta indica que é bem conhecida a razão para tal cuidado divino, que é a mesma nos dois casos: cada qual viu uma mulher chorando, pois seu marido foi preso e, sem ganhar nada em troca, decidiu ajudar tal mulher; no primeiro caso, o comerciante vendeu seu próprio jumento, seu instrumento de trabalho, e deu o dinheiro para a mulher, a fim de que libertasse seu marido e não se tornasse prostituta; no segundo caso, o cafetão, em vez de tirar lucro da mulher, que o procura para trabalhar como prostituta, vendeu sua própria cama e deu o dinheiro para ela, a fim de que libertasse seu marido e não precise se prostituir (Neusner; Avery-Peck, 2005).

Nos dois casos relatados no Talmude de Jerusalém, o comerciante e o cafetão realizaram uma ação de altruísmo para uma mulher desamparada, que, por estar com o marido preso, encontrava-se em situação semelhante à das viúvas e, caso viesse a se prostituir, viveria uma situação "pior do que a morte" (Neusner; Avery-Peck, 2005, p. 33, tradução nossa). Assim, fica evidente que, no caso das mulheres, o judaísmo reconhece sua fragilidade e vulnerabilidade em virtude dos históricos problemas culturais que, infelizmente, envolvem a situação e a posição social das mulheres.

Os atos de altruísmo do comerciante e do cafetão foram particularmente importantes por dois fatores: não visaram nada em troca e resultaram propositalmente em prejuízo para cada um.

O comerciante vendeu seu próprio jumento, meio pelo qual ganhava a vida, e o cafetão negou uma nova prostituta para lucrar. Essas atitudes, portanto, extrapolaram as exigências da lei, fazendo o que nenhuma lei poderia requerer deles (Neusner; Avery-Peck, 2005). O problema é: Quem está disposto a agir dessa forma? Quem, hoje, em uma sociedade utilitarista e que ensina a todos, desde o berço, a buscar se valer das circunstâncias, poderia responder, quando fosse questionado sobre o motivo de suas orações serem ouvidas, que fez algo desse tipo? Talvez por isso poucas orações pareçam ser realmente ouvidas, afinal, como lembra Tiago (Bíblia. Tiago, 2014, 4: 3), nossas orações explicitam nosso egoísmo: "quando pedem, não recebem, pois pedem por motivos errados, para gastar em seus prazeres".

Ainda sobre oração, é interessante notar que, no judaísmo, por exemplo, é costume recitar orações ao despertar, as quais se diferenciam para homens e mulheres. As mulheres oram dizendo *Bendito sejas Tu, Eterno, nosso Deus, Rei do Universo,* **que me fizeste segundo Tua vontade**; já os homens falam com Deus da seguinte forma: *Bendito sejas Tu, Eterno, nosso Deus, Rei do Universo,* **que não me fizeste mulher**.

Atualmente, porém, há livros de oração judaicos que, a fim de eliminar o aspecto preconceituoso sobre as mulheres, indicam uma mesma oração matinal para homens e mulheres: *Bendito Sejas Tu, nosso Deus, Rei do Universo,* **que me fizeste à Tua imagem**. Assim, busca-se escapar da desvalorização da mulher presente no agradecimento de um homem a Deus por não ter lhe feito uma mulher, bem como destaca-se que todos – homens e mulheres – foram feitos à imagem e semelhança de Deus (Kochmann, 2005).

Em alguns casos, é dado outro passo: mulheres têm requerido o direito de estudar nos mais altos níveis acadêmicos, formando-se como rabinas e, inclusive, desempenhando as ações próprias de um rabino como líder religioso e comunitário (Kochmann, 2005). Tais casos, porém, são limitados a movimentos mais liberais do judaísmo, uma vez que o judaísmo ortodoxo, em geral, não admite a formação de mulheres como rabinas, pois há proibições a tal ordenação na Halachá, ou seja, na tradição legislativa judaica.

Os exemplos apresentados mostram como existe, muitas vezes, uma distância entre as regras de ouro apresentadas pelas religiões e suas práticas ao longo da história. Mesmo assim, essas regras são importantes e servem como fundamentação para reclamar direitos e ações ainda não em prática, a despeito da antiguidade que os preceitos religiosos têm.

Certamente, aplicar a regra de ouro não é uma tarefa fácil, e há quem a considere, inclusive, impossível. O psicanalista Sigmund Freud (1856-1939), por exemplo, foi um grande crítico da possibilidade de cumprimento do mandamento judaico-cristão *Amar ao próximo como a si mesmo* (Wallwork, 1982), levantando um forte questionamento: "Por que deveríamos fazer isso? Em que nos ajudará? Sobretudo, como levar isso a cabo? Como nos será possível?" (Freud, 2011, p. 54).

De fato, se tal mandamento e as outras formulações da regra de ouro forem tomados como "ordens" pelo **sentimento de amor** – como parece ser o caso em uma forma empática da regra de ouro (*O que você **desejar** a si mesmo, **deve desejar** aos outros*) –, serão impossíveis e impraticáveis. Nesse sentido, Freud tem plena razão. No entanto, se tais regras de ouro forem consideradas como formas de relação entre pessoas pela ação de amor, poderão ser praticadas, ainda que de modo variado.

Como bem lembra Bultmann (2001, p. 144), se o amor demandado fosse sentimento, "não faria sentido exigir amor". Porém, faz sentido demandar uma atitude. Assim, "somente quando o amor é concebido como um sentimento torna-se absurdo ordenar que se ame; o mandamento do amor mostra que o amor é entendido como atitude da vontade" (Bultmann, 2005, p. 126). Portanto, "como sentimento, é impossível fazer do amor um mandamento; mas como ação é possível" (González, 2009, p. 21).

Ao mesmo tempo, como bem indicado por Bultmann (2001), uma conduta moral pode ser requerida de duas maneiras: como uma obrigação em sentido de *tu deves* e como uma conduta referente à relação entre seres humanos, entre um *eu e tu*. É nesse segundo sentido que Bultmann (2001) propõe o mandamento *Amar ao próximo como a si mesmo* e que Buber (1979) desenvolve sua filosofia do *eu e tu*, a qual, em grande medida, é permeada pela teologia judaica.

No caso de Bultmann (2001, p. 116), a regra de ouro cristã não deve ser tomada como um ideal, mas como uma disposição nas situações práticas que alguém se encontrar: "O mandamento do amor confia que o ser humano é capaz de saber o que fazer quando vir o seu próximo na situação concreta da vida". Já Buber (1979, p. 7) lembra que, além de encontrarmos Deus, em grande medida, dentro de nós mesmos, por sermos sua imagem e semelhança, também é possível encontrá-lo no próximo, quando percebemos o *tu eterno* em cada pessoa e, principalmente, quando "sentimos em cada tu um sopro provindo dele". É, portanto, no mundo da relação que o ser humano pode encontrar Deus, o grande *tu*. É na relação com cada pessoa, amando o próximo como a nós mesmos, que podemos não somente ser reflexo de Deus para quem recebe nosso amor, mas também entender que aquele a quem ajudamos é, para nós, reflexo de Deus. Afinal, quando fazemos o bem a alguém que precisa, também estamos fazendo algo pelo próprio Deus (Bíblia. Mateus, 2013, 25: 40).

Síntese

Neste capítulo, abordamos a importância da formulação de princípios gerais para a conduta humana, conhecidos como *regras de ouro*, e o modo pelo qual algumas religiões as propuseram e as aplicaram.

No caso do judaísmo, a regra de ouro aparece no livro de Levítico, em que se cobra o amor ao próximo: "ame ao seu próximo como a si mesmo" (Bíblia. Levítico, 2014, 19: 18). Tal mandamento, porém, era direcionado aos próprios judeus, uma vez que cada israelita entendia seu compatriota como próximo, diferenciando-o dos estrangeiros. No entanto, um mandamento complementar parece indicar que o amor seja direcionado também aos estrangeiros que viverem na terra de Israel: "amem-nos como a si mesmos" (Bíblia. Levítico, 2016, 19: 34). Logo, é dever do judeu amar a todos como a si mesmo.

Ainda assim, tal amor era, em grande medida, limitado a certo número de pessoas no contexto do judaísmo do tempo de Jesus. Por essa razão, Jesus parece ter contendido com outros judeus, como os fariseus, procurando direcionar o amor justamente àqueles que não eram merecedores, tidos como pecadores, e apresentar esse amor como uma prática ativa. Portanto, apesar de o mestre fariseu Hillel formular, com base no mandamento de amor ao próximo, uma regra de ouro em forma negativa (*Tudo o que te parece nocivo a ti, não o faças a outrem*), Jesus apresenta, segundo o mesmo mandamento, uma regra de ouro positiva: "Assim, em tudo, façam aos outros o que vocês querem que eles lhes façam; pois esta é a Lei e os Profetas" (Bíblia. Mateus, 2014, 7: 12). A base de tal amor é o amor a Deus, que retribui esse amor, plenamente manifesto pelo sacrifício de Jesus na cruz. Por esse motivo, ao mesmo tempo em que Jesus retoma um mandamento judaico antigo, estabelece-o como uma espécie de "novo mandamento", por meio de sua reinterpretação.

No caso do Islã, a regra de ouro não aparece nos textos do Alcorão. Essa ausência indica uma influência da perspectiva judaica e cristã a respeito do que deve ser entendido como *fazer o bem*, que é cobrado nos textos sagrados do Islã. Essa concepção ganha força quando consideramos que a regra de ouro aparece explicitamente em palavras atribuídas ao profeta Mohammed na tradição dos *hadith*.

Entre as religiões orientais, a regra de ouro mais conhecida é aquela em forma negativa, tal qual aparece nos Analectos, atribuídos a Confúcio: *Não faça aos outros aquilo que não quer que façam a você*. Essa regra é explicada por Confúcio como o *shu*, ou seja, a empatia ou o altruísmo, que ele apresenta como caminhos para alguém alcançar *ren*, isto é, *humanidade*, a maior das virtudes.

Embora todas essas religiões tenham suas formas da regra de ouro, colocá-las em prática é mais difícil do que formulá-las. Cada elaboração, por mais importante que seja, acaba sendo questionada por perguntas como a do mestre da lei para Jesus: Quem é o meu próximo? Ou ainda pelos questionamentos de Freud sobre o amor ao próximo: Por que deveríamos fazer isso? Em que nos ajudará? Sobretudo, como levar isso a cabo? Como nos será possível? Assim, cabe a cada um praticar aquilo que afirma acreditar. Afinal, mais importantes do que as formulações religiosas da regra de ouro são as formas concretas como cada crente as realiza e as faz ganhar vida.

Atividades de autoavaliação

1. Qual fato presente nos relatos da tradição judaica foi utilizado simbolicamente para afirmar a igualdade entre todos os seres humanos?
   A] O chamado de Moisés.
   B] O sonho de José.
   C] A arca de Noé.

D] A subida de Elias.
E] A criação de Adão.

2. Ainda que não seja completamente novo, o mandamento de _____ a respeito do amor ao próximo, pela sua formulação particular, em forma positiva, por sua dimensão de amor em sentido prático e, principalmente, por sua extensão, pode ser considerado como um mandamento com considerável novidade.

Qual nome completa corretamente a lacuna na assertiva anterior?

A] Hillel.
B] Mohammed.
C] Jesus.
D] Tobit.
E] Krishna.

3. Que livro sagrado não apresenta a regra de ouro de forma explícita, por meio de uma máxima, mas somente implícita, como uma pressuposição?

A] Bíblia.
B] Torá.
C] Alcorão.
D] Mahabharata.
E] Levítico.

4. A formulação mais famosa da regra de ouro no contexto das religiões orientais encontra-se nos Analectos, atribuídos a:

A] Buda.
B] Krishna.
C] Sun Tzu.
D] Confúcio.
E] Jesus.

5. É impossível cobrar o amor ao próximo se este for:
   A] um sentimento.
   B] um mandamento.
   C] uma ação.
   D] uma atitude.
   E] uma atividade.

Atividades de aprendizagem

Questões para reflexão

1. O desrespeito ao próximo, infelizmente, muitas vezes começa já na infância, quando se inicia a vida em sociedade para além dos limites da família. Assim, no ambiente escolar, há situações nas quais muitas vezes desrespeitos são cometidos e repetidos, gerando as situações conhecidas hoje como *bullying*. A respeito disso, reflita: que atitudes você teve, em sua infância, que poderiam ser consideradas como desrespeito a outras pessoas? Que desrespeitos você sofreu na infância? Você mantém contato com aquele(s) que desrespeitou ou que lhe desrespeitou(aram)?

2. Jesus ensinou o amor ao próximo com um exemplo prático, por meio da parábola do bom samaritano. De fato, é fácil falar em amor ao próximo, mas é difícil viver de forma prática e ativa tal amor altruísta, como era proposto por Jesus. Com base nisso, reflita sobre sua vida e elenque (se possível) até dez atitudes que você tomou no último mês que podem ser consideradas como realmente altruístas.

Atividade aplicada: prática
1. Um dos fundamentos da regra de ouro é a empatia: colocar-se no lugar do outro para sentir aquilo que ele sente. Assim, estabeleça um propósito, por um ou mais dias, de buscar se colocar no lugar de pessoas com quem você terá contato. Exerça tal empatia não somente com pessoas de seu convívio diário, mas também com pessoas que vier a ter contato de forma esporádica, como pedintes, atendentes, servidores públicos etc.

GUERRA E PAZ

A guerra, por incrível que pareça, causa um fascínio tremendo em muitas pessoas. Basta notar sua importância na história, na literatura, no cinema e nas artes. Nesse sentido, podemos destacar, por exemplo, a grande projeção que ganhou o livro *Da guerra*, de Carl von Clausewitz (1780-1831), um general prussiano que buscou entender o que a guerra deveria ser, fazendo uma verdadeira "filosofia da guerra".

No entanto, é importante não somente pensar como a guerra deveria ser, mas também conhecer o que a guerra foi e ainda é. Quando analisamos a guerra com base em sua história, e não em suas teorias, ela carrega consigo, além de ideias, fatos, os quais não são frios, mas quentes como o fogo do inferno, marcando a alma daqueles que a vivenciam, tal como podemos verificar nas palavras do general William Tecumseh Sherman (1820-1891): "Estou cansado e enjoado da guerra. A glória não é mais que a luz do luar. Somente aqueles que nunca deram um tiro, nem ouviram os gritos e os gemidos dos feridos, é que clamam por sangue, vingança e mais desolação. A guerra é o inferno" (Davis, 1952, p. 20, tradução nossa).

A guerra envolve formações, estratégias e teorizações, e também tristeza, sofrimento, luto e, muitas vezes, as mais diversas e terríveis atrocidades, as quais são até difíceis de imaginarmos. Quando falamos a respeito da guerra, não devemos imaginar que possamos tratar dela de modo distante e frio, pois a história da guerra envolve as inúmeras histórias daquelas pessoas que, apesar de terem pouca ou nenhuma relação com as intenções que moveram os conflitos, foram as que mais sofreram. E não foram poucas.

Somente no século XX, mais de 100 milhões de pessoas perderam a vida em guerras. Apenas na Primeira Guerra Mundial (1914-1918), 39 milhões de pessoas morreram, entre as quais 30 milhões, ou seja, cerca de 77%, eram civis. Na Segunda Guerra Mundial (1939-1945), outras 51 milhões de pessoas perderam a vida, e 34 milhões delas, cerca de 67%, eram civis (Kaiser Jr., 2015, p. 235). Portanto, nas duas grandes guerras e nos mais de 150 conflitos menores que ocorreram no século XX, mais de 100 milhões de pessoas, as quais tinham uma história própria, tinham família, tinham sonhos para o futuro, simplesmente perderam tudo com o encerramento daquilo que tinham de mais precioso: suas vidas.

Logo, valorizar a guerra é necessariamente desvalorizar estas e muitas outras vidas perdidas ao longo da história, as quais muitas vezes foram "descartadas" em prol de objetivos e desejos de pessoas que acompanharam tais conflitos de lugares seguros e tranquilos, aguardando para verificar o resultado. Valorizar a guerra é desvalorizar a dor das mães que perderam seus filhos, o sofrimento dos filhos que perderam seus pais, o luto das esposas que perderam seus maridos. Valorizar a guerra é desprezar o próprio ser humano, que, muitas vezes, apesar de sobreviver ao conflito, perde na mesma parte de sua humanidade.

No entanto, não podemos deixar de notar que as guerras não marcaram somente a história, mas também, de modo mais específico, a história das religiões. O judaísmo é marcado por conflitos com os povos da "terra prometida"; o cristianismo tem marcas dos conflitos contra muçulmanos. Até mesmo a história das religiões orientais, tal como o hinduísmo, envolve a guerra. Assim, cabe uma reflexão a respeito de como as religiões entendem a guerra e a paz.

4.1 Israel entre as nações

Em 1949, foi escrito um importante tratado internacional a fim de proteger as pessoas em tempos de guerra: a quarta Convenção de Genebra. Após o gigantesco número de morte de civis nas duas grandes guerras, ficou clara a necessidade de um tratado que estabelecesse direitos humanitários internacionais. Por isso, foi escrita a nova Convenção de Genebra, que permanece como referência internacional até hoje, apesar de ter sido atualizada por meio de três protocolos adicionais. Contudo, muito antes dessa convenção – cerca de 3.000 anos antes –, o povo de Israel já havia redigido um texto profundamente humanitário para seu contexto:

> Quando vocês forem à guerra contra os seus inimigos e virem cavalos e carros, e um exército maior do que o seu, não tenham medo, pois o Senhor, o seu Deus, que os tirou do Egito, estará com vocês. Quando chegar a hora da batalha, o sacerdote virá à frente e dirá ao exército: "Ouça, ó Israel. Hoje vocês vão lutar contra os inimigos. Não se desanimem nem tenham medo; não fiquem apavorados nem aterrorizados por causa deles, pois o Senhor, o seu Deus, os acompanhará e lutará por vocês contra os inimigos, para lhes dar a vitória". Os oficiais dirão ao exército: "Há alguém que construiu uma casa e ainda não a dedicou? Volte ele para sua casa, para que não morra na guerra e outro a dedique. Há alguém que plantou uma vinha e ainda não desfrutou dela? Volte ele para sua casa, para que não morra na guerra e outro desfrute da vinha. Há alguém comprometido para casar-se que ainda não recebeu sua mulher? Volte ele para sua casa, para que

não morra na guerra e outro case-se com ela". Por fim os oficiais acrescentarão: "Alguém está com medo e não tem coragem? Volte ele para sua casa, para que os seus irmãos israelitas também não fiquem desanimados". Quando os oficiais terminarem de falar ao exército, designarão chefes para comandar as tropas. Quando vocês avançarem para atacar uma cidade, enviem-lhe primeiro uma proposta de paz. Se os seus habitantes aceitarem, e abrirem suas portas, serão seus escravos e se sujeitarão a trabalhos forçados. Mas se eles recusarem a paz e entrarem em guerra contra vocês, sitiem a cidade. Quando o Senhor, o seu Deus, entregá-la em suas mãos, matem ao fio da espada todos os homens que nela houver. Mas as mulheres, as crianças, os rebanhos e tudo o que acharem na cidade, será de vocês; vocês poderão ficar com os despojos dos seus inimigos dados pelo Senhor, o seu Deus. É assim que vocês tratarão todas as cidades distantes que não pertencem às nações vizinhas de vocês. Contudo, nas cidades das nações que o Senhor, o seu Deus, lhes dá por herança, não deixem vivo nenhuma alma. Conforme a ordem do Senhor, o seu Deus, destruam totalmente os hititas, os amorreus, os cananeus, os ferezeus, os heveus e os jebuseus. Se não, eles os ensinarão a praticar todas as coisas repugnantes que eles fazem quando adoram os seus deuses, e vocês pecarão contra o Senhor, contra o seu Deus. Quando sitiarem uma cidade por um longo período, lutando contra ela para conquistá-la, não destruam as árvores dessa cidade a golpes de machado, pois vocês poderão comer as suas frutas. Não as derrubem. Por acaso as árvores são gente, para que vocês as sitiem? Entretanto, poderão derrubar as árvores que vocês sabem que não são frutíferas, para utilizá-las em obras que ajudem o cerco, até que caia a cidade que está em guerra contra vocês. (Bíblia. Deuteronômio, 2014, 20: 1-20)

Como indicou Wright (1996, p. 230, tradução nossa), "sem uma Convenção de Genebra, Deuteronômio defende dispensas humanas do combate; exige negociação prévia; dá preferência à não violência; impõe limites no tratamento das populações subjugadas" e faz ainda outras restrições. Mais do que incentivar a guerra, limita-a para que não cause mais prejuízo do que o necessário. E, mesmo que esse texto não seja uma instrução militar propriamente dita, mas uma espécie de sermão, deveria ser considerado como guia para as situações de guerra nas quais o povo de Israel entrasse.

Tal sermão com caráter de prescrição de guerra, se levarmos em conta seu contexto histórico, na Antiguidade, foi particularmente **antimilitarista**, como destacou Kaiser Jr. (2015). É antimilitarista, em primeiro lugar, em seu aspecto religioso: os israelitas não devem demonstrar sua devoção a Deus pelo uso da força, mas justamente abrindo mão de parte de sua força militar, confiando que Deus agiria em seu favor. Assim, Israel difere completamente da Assíria, marcada na Antiguidade como um povo enérgico e violento (Rossi, 2009, p. 13), que desejava ser visto "com a marca da brutalidade", a fim de representar adequadamente "o braço da potência destruidora que é o Deus assur" (Rossi, 2009, p. 13). Diante da violência empreendida na guerra, via-se esse deus como "a mais pura expressão terrena de duas outras terrificantes divindades, Ninurta e Adad, conhecidas pelo seu caráter altamente belicoso" (Rossi, 2009, p. 13). Nesse sentido, toda guerra, para os assírios, era uma guerra sagrada, da qual a violência era, inclusive, um elemento ritual (Rede, 2018).

Israel, porém, não tem tal pretensão com a guerra, mesmo que o deus de Israel seja Yahweh Sabaoth, o senhor dos exércitos (Bíblia. Isaías, 2013, 1: 24) – expressão que aparece cerca de 250 vezes na Bíblia hebraica. Nesta, também é dito que: "Iahweh é um guerreiro, Iahweh é o seu nome!" (Bíblia. Êxodo, 2013, 15: 3). Há quem, baseado nesse texto, afirme que o deus dos judeus é um deus guerreiro ou ainda um deus que aprecia a guerra. Entretanto, como bem indica Bleich (1984), seria possível mudar a tradução do termo hebraico *ish* de homem para *mestre* ou *senhor*. O sentido do texto é indicar que Deus é o mestre da guerra, ou seja, o senhor da guerra. Isso não quer dizer que Deus aprecie a guerra, mas que Deus é o único que pode dar permissão para que se faça guerra: Ele, como senhor do Universo e dono da vida, é o único que pode permitir que vidas sejam tiradas (Bleich, 1984).

É nesse sentido que o exército de Israel é denominado *povo de Iahweh* (Bíblia. Juízes, 2013, 5: 13), *exército do Deus vivo* (Bíblia. 1 Samuel, 2013, 17: 26) ou *exércitos Iahweh* (Bíblia. Êxodo, 2013, 12: 41). A guerra exercida por Israel na Bíblia hebraica é entendida como guerra de Yahweh (Kaiser Jr., 2015; Kang, 1989), uma espécie de guerra santa, de modo que as guerras de Israel são entendidas como guerras de Deus (De Vaux, 2008). Por esse motivo, exige-se não somente purificação das tropas, mas também que os combatentes tenham fé e coragem. Dessa forma, aqueles que tiverem medo são dispensados por conta de seu psicológico (Bíblia. Deuteronômio, 2013, 20: 8), e por não terem as "disposições religiosas necessárias" (De Vaux, 2008, p. 298-299).

O sermão de Deuteronômio 20 também é antimilitarista em seu aspecto social. Em um contexto no qual os reis costumavam obrigar que todos os capacitados participassem das guerras, o povo de Israel parece limitar a participação somente àqueles que tivessem interesse e desejo de participar. Assim, quem tivesse outra preocupação que considerasse maior e mais urgente, como a construção de uma casa, a preparação de uma plantação ou um casamento previsto, poderia ausentar-se da guerra, bem como todo aquele que tivesse medo.

A guerra, portanto, mesmo que de modo restrito aos próprios israelitas, deveria ser fonte de **bênção**, e não de maldição. Era a oportunidade de participar de algo para benefício próprio e coletivo, e não uma imposição que poderia tornar-se em uma maldição, cortando a possibilidade de se realizar ou aproveitar algo com relação ao qual se tinha grande expectativa. Assim, embora a guerra continuasse sendo fonte de destruição e morte, no caso israelita, tinha restrições que amenizavam o dano do conflito dentro do possível.

Essas restrições, como podemos notar no texto de Deuteronômio, diziam respeito ao povo de Israel e aos povos conquistados. Desse modo, apesar de ser ordenada a morte completa das populações das cidades da terra prometida, também era ordenado que, no caso das demais cidades, as vidas de mulheres e crianças fossem poupadas. Pensava-se, portanto, não somente nos direitos dos israelitas em casos de guerra, mas também nos direitos dos demais povos que entrassem em conflito com Israel, priorizando-se a proteção daqueles mais frágeis: as mulheres e as crianças.

Nessa mesma perspectiva, o filósofo judeu medieval Maimônides (1135-1204) defendeu, em seu código conhecido como *Mishneh Torah*, que, nos casos de cerco, não se deveria cercar os quatro lados de uma cidade, mas deixar um lado livre para que quem quisesse sair da cidade, abandonando o campo de batalha, pudesse fazê-lo.

O mesmo filósofo também defendeu que não se deveria empreender guerra caso esta viesse a eliminar mais do que um sexto da população mundial (Stone, 2012) – algo que pareceria distante para os judeus da Antiguidade, mas que, caso aplicássemos aos nossos dias, poderia nos lembrar do problema ético que envolve o uso de armas nucleares (Bleich, 1984). Seja como for, o preceito apresentado por Maimônides parece ser uma decorrência de que a humanidade como um todo é sagrada, por ser a imagem e semelhança de Deus.

Do mesmo modo, o judaísmo indica que toda prática de guerra deve levar em conta o valor da **vida humana**. Com base nesse valor, tirar a vida de alguém, para não ser uma desobediência ao mandamento *Não matarás*, deve ter uma justificativa válida. No caso de legítima defesa, a justificativa é o valor da própria vida, que é defendida. Assim, o Talmude babilônico ensina que "se alguém vier para matá-lo, levante-se e mate-o antes" (Talmud Bavli. Sanhedrin, 72a). Porém, até mesmo em casos de guerra, devemos levar em conta que a vida de todas as pessoas têm o mesmo valor: "Como você sabe que seu sangue é mais doce [mais valioso] do que o do seu próximo?" (Talmud Bavli. Sanhedrin, 72a).

4.2 O estandarte da cruz

No que diz respeito ao cristianismo, apesar de Jesus ter promovido a paz, há textos que, muitas vezes, são utilizados para legitimar ações bélicas, tais como: "Não pensem que vim trazer paz à terra; não vim trazer paz, mas espada" (Bíblia. Mateus, 2014, 10: 34). Por essa e inúmeras outras razões, os cristãos apresentaram, ao longo da história, perspectivas e posições variadas a respeito não somente da guerra e da paz, mas também de Jesus Cristo.

Por um lado, Jesus foi visto por muitos como alguém que, a despeito de não ter pegado em armas, deveria ser defendido por meio destas. Assim, ao longo da história do cristianismo, inúmeras guerras foram empreendidas em nome de Deus e de Jesus Cristo, levando à frente das batalhas o estandarte da cruz.

O imperador Constantino (272-337), primeiro a utilizar de um símbolo cristão em suas guerras, não chegou a fazer aquilo que entendemos hoje como **guerra santa**. Afinal, mesmo que afirmasse que os povos conquistados por ele "aprenderam" a temer a Deus, "porque sentiram pelos fatos que Deus em toda a parte estava em meu escudo e foi principalmente assim que eles conheceram Deus e o temem: é porque nos temem" (Veyne, 2011, p. 92, nota 18), não se propunha claramente como um soldado de Deus fazendo a guerra divina. Pelo contrário: não é esse soldado quem faz a guerra de

Deus, mas Deus, representado pelo *labarum* nos escudos de suas tropas, que age em sua defesa, acompanhando-o em seus próprios empreendimentos.

Na passagem da Antiguidade à Idade Média, quando "o Deus dos cristãos se torna o Deus único do Império romano" (Le Goff, 2010, p. 18), as tropas imperiais e, depois, os exércitos dos reinos medievais passaram por um processo de sacralização (Cardini, 2006). Se, ainda no século IV, os cristãos eram receosos de incentivar a guerra, no século XI foram feitas guerras em nome de Cristo. No século IV, após o imperador Teodósio vencer o exército dos partidários do paganismo, chegava em Milão e, em vez de ser aclamado por Ambrósio, bispo da cidade, foi barrado por este, para que não entrasse e profanasse a catedral por ter derramado sangue. No século XI, no entanto, multidões foram incentivadas pela Igreja a atravessar a Europa nas famosas Cruzadas, a fim de combater os muçulmanos e retomar a terra santa, com a promessa de que seriam recompensados por fazer guerra santa.

Por outro lado, Jesus também foi visto como um radical da **não violência**, como defendeu McCollough (2012). Segundo esse autor, o texto de Mateus citado anteriormente deve ser entendido segundo seu paralelo em Lucas: "Vocês pensam que vim trazer paz à terra? Não, eu lhes digo. Pelo contrário, vim trazer divisão!" (Bíblia. Lucas, 2014, 12: 51). Jesus, portanto, não promoveu a violência (espada), não usou desta nem a ensinou, mas certamente dividiu as pessoas (McCollough, 2012) por meio de seu ensino. Apesar do ensino desafiador, não incentivou de forma alguma a guerra ou a violência, como podemos perceber na vida de seus seguidores, que, apesar de serem perseguidos pelo Império Romano, não revidaram, morrendo como mártires.

Outros, ao enfatizarem o aspecto de Jesus Cristo como libertador, destacaram que Jesus não quis violência (Boff, 1972), de modo que a não violência foi justamente o caminho da cruz (Kuriakose, 2004), o caminho escolhido por Jesus quando estava para ser preso e morto. Afinal, "na hora em que podia lançar mão da violência" (Boff, 1972, p. 115), não ordenou que seus discípulos pegassem em armas, mas que Pedro guardasse sua espada na bainha, "pois todos os que empunham a espada, pela espada morrerão" (Bíblia. Mateus, 2014, 26: 52). Logo, sua luta teria sido pela não violência, assemelhando-se a alguém que, embora hindu, lia comentários da Bíblia: Mohandas Karamchand Gandhi (1869-1948), mais conhecido como *Mahatma Gandhi*. Nesse sentido, Rynne (2008) indica o poder salvador da não violência ao comparar Jesus e Gandhi.

Com essa variedade de interpretações a respeito de Jesus e com a diversidade de posições cristãs, podemos pensar que há, como bem indicou Kaiser Jr. (2015, p. 236), "três posições principais como alternativas no que diz respeito à guerra e à intervenção militar" para os cristãos escolherem:

> 1) O **ativismo**, que defende o apoio cristão a todos os esforços militares sempre que seu país declarar guerra. Como as Escrituras afirmam em Romanos 13.1-7 que devemos nos submeter aos líderes políticos que nos governam, presumimos que esses líderes têm mais acesso às informações do que nós; portanto, nesse contexto, confiamos no discernimento do governo e seguimos sua liderança. 2) O **pacifismo**, que defende que, para o cristão, nunca é correto participar de uma guerra, visto que, como discípulos de Cristo, precisamos viver como ele viveu – de uma forma não violenta. O caminho do mundo é o caminho da espada, mas o caminho da cruz é totalmente diferente. As guerras conduzidas no Antigo Testamento não servem de apoio para a maneira pela qual nós, cristãos, devemos agir, e também não devemos oferecer resistência a uma pessoa má (Mt 5.39), ao contrário, devemos amar nossos inimigos (Mt 5.44). 3) O **seletivismo**, que defende que os

cristãos podem participar e lutar em algumas guerras, quando elas estão fundamentadas em causas moralmente defensáveis descritas nas sete diretrizes de uma "guerra justa". (Kaiser Jr., 2015, p. 236, grifo do original)

Entendendo que o cristão deve saber escolher quais guerras deve incentivar ou participar, conforme a terceira alternativa anteriormente apresentada, o grande teólogo Agostinho (354-430) desenvolveu uma proposta de **sete critérios** para se avaliar uma guerra, não somente no que diz respeito à justa razão para se ir à guerra, denominada em latim como *jus ad bellum*, ou seja, *regra à guerra*, mas também à justiça na própria guerra, *jus in bello*, que quer dizer *regra na guerra*. Como bem lembra Kaiser Jr. (2015), os cinco primeiros critérios propostos por Santo Agostinho tratam dos motivos para se ir à guerra e os dois últimos, da forma justa de se fazer guerra, os quais são:

> 1) **Uma causa justa**. Toda forma de agressão deve ser completamente rejeitada. Uma guerra sem motivos não é razão para que uma nação lute contra outra. Só podemos participar se houver uma causa justa ou uma razão sustentável. 2) **Uma intenção justa**. As nações não podem ir à guerra por vingança ou para conquistar o território de outra nação; devem fazê-lo para assegurar a paz de todas as partes envolvidas. 3) **Como último recurso**. Somente depois de uma nação haver proposto um acordo de paz e utilizado a diplomacia e todas as formas de pressão econômica para evitar o conflito, ela poderá ir à guerra como último recurso. 4) **Declaração formal**. Deve haver uma declaração de guerra formal para o início das batalhas. 5) **Objetivos limitados**. A destruição completa de outra nação ou algo semelhante é um objetivo inadequado. A guerra deve ser travada para garantir a paz como resultado e quando for o único caminho para o fim da violência. 6) **Meios proporcionais**. Os tipos de armas e a força

militar devem limitar-se ao necessário para reprimir a agressão e assegurar uma paz justa. 7) **Imunidade de não combatentes**. As operações militares devem evitar cuidadosamente o envolvimento de pessoas que não estejam participando do conflito. Somente as forças governamentais e seus agentes podem ser alvos da ação. (Kaiser Jr., 2015, p. 242-243, grifo do original)

Desse modo, Santo Agostinho consegue estabelecer uma proposta que vise a um **equilíbrio** na perspectiva cristã sobre a guerra: nem a negando completamente, nem a incentivando sem restrições ou reflexões éticas, mas a trazendo para a avaliação pessoal do cristão, dando-lhe critérios para considerar e pensar.

4.3 Entendendo a *jihad*

Diferentemente do cristianismo, a perspectiva islâmica a respeito da guerra tem um elemento central para discussão e definição: o termo árabe *jihad*, que literalmente quer dizer *esforço, empenho*, mas que é entendido, muitas vezes, como a expressão daquilo que se propõe como guerra santa.

Por essa razão, o The Royal Aal Al-Bayt Institute for Islamic Thought (Instituto Real Aal Al-Bayt para o Pensamento Islâmico), ao considerar o termo *jihad* como "talvez a ideia mais mal compreendida na compreensão ocidental do Islã", buscou indicar que a tradicional associação do termo com a ideia de *guerra santa* é equivocada, uma vez que essa ideia é própria do cristianismo, e não do islamismo (The Royal Aal Al-Bayt Institute for Islamic Thought, 2009, p. 1, tradução nossa). Como explicar, então, a prática de terrorismo dos extremistas islâmicos pelo mundo?

Não há como negar que, para extremistas religiosos muçulmanos como Osama Bin Laden, o termo *jihad* parece ter o sentido de *luta armada* contra governos no Oriente e, principalmente, contra os Estados Unidos, por meio de ações que incluem atentados terroristas. É, portanto, uma espécie de guerra santa para esses extremistas. No entanto, de modo diverso do que normalmente se supõe, o termo *jihad* não é, necessariamente, essa guerra santa e pode ser interpretado de várias formas. Como bem esclarece Esposito (2002, p. 26, tradução nossa) caso se pergunte *O que é jihad?* para muçulmanos:

> Um poderá dizer que *jihad* é o empenho em se levar uma boa vida muçulmana, orando e jejuando com regularidade, sendo um cônjuge e pai atencioso. Outro poderá identificar o *jihad* como trabalhar duro para espalhar a mensagem do Islã. Para um terceiro, poderá dar suporte à luta de povos muçulmanos oprimidos na Palestina, Caxemira, Chechênia e Kosovo. E para um último, assim como para Osama bin Laden, *jihad* poderia significar trabalhar para derrubar governos no mundo muçulmano e atacar a America.

Há, portanto, inúmeras interpretações para o termo *jihad*, o que resulta em diferentes posicionamentos dos muçulmanos com relação à guerra, tal como pode haver entre os cristãos. Mas quais são os sentidos possíveis de *jihad*? Segundo Elass (2002), há quatro tipos de jihad: do coração; da boca e da pena; da mão; da espada.

A JIHAD DO CORAÇÃO

É o esforço pessoal pelo autoperfeiçoamento. É uma "luta" interna, pessoal, contra as más tendências da natureza humana (Matos, 2015). Ao que parece é o tipo defendido por Nasr (1990, p. 269), quando afirma que a "tradução como 'guerra santa', combinada com a noção errônea, prevalecente no Ocidente, do Islam como 'religião da espada', ajuda a eclipsar seu significado interior e espiritual e a distorcer sua conotação". Seria, portanto, uma luta interior e espiritual que cada muçulmano deve travar contra si mesmo.

A *JIHAD* DA BOCA E DA PENA

Corresponde ao uso da palavra, seja pela oratória, seja pela escrita, a fim de defender a fé muçulmana de ataques contra seu valor ou validade. Nesse sentido, podemos dizer que é a luta como apologética, que defende o islamismo de seus inimigos, que os acusam e difamam. Logo, é uma luta essencialmente racional, fundamentada na lógica e no discurso, para se obter vitória pela razão e pelo convencimento.

A *JIHAD* DA MÃO

Refere-se à promoção da causa de Allah por meio de ações louváveis (Matos, 2015), tais como a assistência aos pobres e o cuidado daqueles que precisam. Trata-se do combate ao mal no mundo, pela promoção da justiça e do amor, atuando como mensageiro de Deus por meio de palavras e, também, de ações que glorifiquem o nome de Deus e demonstrem, de forma prática, Seu amor e Sua glória.

A *JIHAD* DA ESPADA

É o uso da força e até da violência a fim não tanto de se expandir o islamismo, mas principalmente de defendê-lo das ameaças físicas que se apresentam. Segundo Gordon (2009, p. 61-62), essa forma de *jihad* deve ser compreendida juntamente à primeira forma, como uma espécie de *jihad* menor:

> A luta maior, interior, consiste em empenhar-se em resistir ao mal ("pecado"), à negligência e à imoralidade – esta luta é travada ao realizar os deveres rituais do islamismo, servindo como exemplo de piedade e retidão para os outros (tanto muçulmanos quanto não-muçulmanos). A segunda luta, externa ("*jihad* menor"), convoca os muçulmanos a agir com força, e até empreender guerra, quando se observa que o islã, ou a comunidade islâmica (*umma*), sofrem ameaça – por exemplo, de invasão, domínio estrangeiro opressivo ou conversão forçada. O Alcorão e a *Hadit* [tradição]

falam da necessidade, em tais circunstâncias, de os muçulmanos empunharem "a espada" em defesa da fé.

A *jihad* da espada, portanto, é apenas uma entre quatro interpretações possíveis. Hoje, em virtude do 11 de Setembro e dos posteriores ataques terroristas muçulmanos, essa forma de *jihad* ficou mais conhecida e é erroneamente interpretada como se fosse a principal ou mesmo a única maneira de se entender ou aplicar o termo. Como bem lembra Cherem (2009), foi recentemente que se passou a imaginar que a guerrilha ou mesmo o terrorismo fossem formas de aplicação da *jihad*. Contudo, qual a origem de tal interpretação de *jihad*? Será resultado de um fator interno ou externo ao islamismo?

Como bem destacado por Demant (2004) e por Matos (2015), há duas escolas interpretativas das origens e das causas da grande crise do Islã atual, o qual está marcado por um radicalismo que é encarado pelo mundo como uma verdadeira ameaça. A primeira escola, denominada **internalista**, defende que o problema é interno ao islamismo, resultado de elementos que, com o tempo, vieram a ganhar projeção e intensidade, mas que surgem do próprio Islã. Alguns autores, como Martin Kramer, Daniel Pipes e Bernard Lewis, defendem que é necessária uma reforma no Islã para que tal crise seja contida. Já a segunda escola, chamada **externalista**, que conta com as ideias de autores como Edward Said, Maxine Rodinson e John L. Esposito, defende que foram fatores externos, exógenos ao Islã, que resultaram em tal crise, a qual seria resultado da intromissão ocidental no mundo islâmico.

A despeito de a origem não ser clara, podemos evitar a associação direta entre islamismo e terrorismo, resultante, em grande medida, da ênfase atual sobre a interpretação da *jihad* como *espada*. Como bem lembrou o 14º Dalai Lama, Tenzin Gyatso, "é importante assegurar que não caiamos na tentação de criticar o

Islamismo pelos erros de indivíduos que tanto deturpam uma das grandes religiões mundiais" (Dalai Lama XIV, 2013, p. 7). Nesse sentido, o ex-presidente dos Estados Unidos Barack Obama evitou ao máximo o uso da expressão *terroristas islâmicos* e procurou falar, em seus discursos públicos, somente em *terroristas* ou *extremistas* (Matos, 2015) nos casos de atentados, a fim de evitar que aumentasse ainda mais a já presente associação negativa da religião islâmica com o terrorismo.

4.4 Rumo à paz mundial?

A célebre afirmação da Unesco particularmente destacada por Küng de que "Não haverá paz no mundo sem paz entre as religiões" nos faz lembrar de como a guerra, hoje, tem um aspecto religioso. Tal situação, que já estava presente na virada do século, tornou-se completamente evidente com o atentado terrorista contra as torres gêmeas do World Trade Center, em Nova Iorque, realizado em 11 de setembro de 2001. Esse evento, além de enfatizar uma situação, resultou em uma intensa e completa mudança da própria realidade: segundo Miranda (2007, p. 38), o mundo "após o atentado às torres gêmeas de Nova Iorque, não é mais o mesmo".

Mesmo que tal mudança não deva ser exagerada ao ponto de se afirmar que **tudo** mudou após o 11 de Setembro, não podemos deixar de notar que pelo menos uma coisa mudou: a forma como as pessoas se relacionam com a religião (Volf, 2008) e com a guerra. Afinal, "líderes de grandes potências passaram a levantar a bandeira da guerra santa para justificar atentados políticos, como foi o caso da invasão americana ao Afeganistão e Iraque" (Miranda, 2007, p. 38) e, de outro lado, novos atentados, justificados como guerra santa, intensificaram ainda mais o conflito e a tensão, sentida hoje no mundo todo.

Poderíamos dizer que a Palestina é o grande exemplo dessa tensão de conflito entre as religiões. Mesmo no caso judaico, a uestão do conflito deve ser pensada, em razão da globalização, para além de Israel: apesar de hoje existir o Estado de Israel, fundado em 1948, a perspectiva ética do judaísmo a respeito da guerra não pode mais estar presa à ideia de uma guerra santa de conquista da terra prometida, na lógica de Israel entre as nações, tal como era o caso no contexto da Bíblia hebraica. Atualmente, como esclarece Walzer (2012), uma vez que os judeus são cidadãos de vários países, toda teoria judaica de guerra deve ser aplicável a todos, apresentando-se como uma teoria universal.

Assim, não obstante força atual do sionismo, que é o movimento em defesa do direito à autodeterminação do povo judeu e da soberania do Estado de Israel, o judaísmo não poderá reduzir-se a essa perspectiva, nem o próprio sionismo poderá ignorar a importância de se levar em conta os judeus que não vivem em Israel. Afinal, a diáspora, ou seja, a dispersão dos judeus pelo mundo e a existência de comunidades judaicas fora da Palestina, marcou profundamente a história do povo judeu na Antiguidade, e continua marcando hoje. Logo, a experiência judaica da Antiguidade "foi majoritariamente uma experiência de Diáspora" (Gruen, 2004, p. VII, tradução nossa) e também, em grande medida, a identidade judaica formou-se com base nessa experiência (Boyarin; Boyarin, 1993), marcando-a até hoje.

A atualidade, portanto, não é somente assinalada pela globalização, mas também pelo conflito que, cada vez mais, ganha aspecto religioso. Ao mesmo tempo, muitos religiosos, a despeito dessa tendência, têm demonstrado respeito com relação às demais fés, buscando desenvolver relacionamentos mais pacíficos. Um exemplo é o projeto Interfaith Just Peacemaking, que carrega a ideia de apaziguação justa e inter-religiosa. Esse projeto, que conta com a colaboração de mais de 30 líderes e acadêmicos das religiões judaica, cristã e muçulmana, procura desenvolver um paradigma inter-religioso de guerra e paz que tanto favoreça a paz quanto busque estabelecê-la com práticas de caráter preventivo. Conforme podemos perceber no livro que leva o nome do projeto, *Interfaith Just Peacemaking*, tal paradigma é construído sobre dez normas práticas (Thistlethwaite, 2012). Vejamos a seguir cada uma delas.

Primeira norma prática: apoiar ações diretas não violentas

Essas ações são, por exemplo, boicotes, greves, marchas, manifestações públicas e outras atitudes que busquem transformar uma situação de conflito em um momento de mudança construtiva sem o uso da violência (Thistlethwaite, 2012).

Segunda norma prática: tomar atitudes independentes para diminuir ameaças

Não se trata de uma negociação, mas de atitudes realizadas para além, paralelamente à negociação, a fim de tornar o relacionamento menos agressivo. Um exemplo de prática dessa norma ocorreu na Guerra da Bósnia. Na ocasião, uma vez que os muçulmanos estavam sendo expulsos das escolas por sérvios e católicos, na Bósnia e na Croácia, uma iniciativa estadunidense levou inúmeros estudantes para os Estados Unidos, buscando famílias que os acolhessem e instituições de ensino que os recebecem sem custos (Thistlethwaite, 2012). Nesse sentido, podemos considerar de forma especial o que Maçaneiro (2013, p. 81) propõe como ações para que as religiões judaica, cristã e islâmica decidam-se pela paz e ajam nessa direção:

> 1) releitura das fontes religiosas, sobretudo textos sagrados e normativos, para discernir e consolidar hermenêuticas de revisão histórica, reconciliação e paz; 2) educação dos líderes e das comunidades de modo organizado, com atenção especial às novas gerações; 3) criação de mecanismos práticos, como: campanhas

civis e midiáticas, fóruns inter-religiosos de discussão e interferência, movimentos civis de ação continuada, conselhos interconfessionais de justiça e paz, redes de assistência humanitária, comitês de observação e pressão política, mediação de conflitos, e outros.

Terceira norma prática: usar resoluções de conflito cooperativas

Quando observamos o intenso conflito religioso no Sri Lanka, onde recentemente, na Páscoa de 2019, atentados terroristas de caráter religioso deixaram mais de 359 mortos e 500 feridos, podemos perceber a tensão que o país vive, ao ponto de Hemasiri Fernando, secretário de defesa do país, ter renunciado após a série de atentados (G1, 2019). Compreendendo a origem religiosa dessa tensão, o Instituto de Paz dos Estados Unidos (Usip), em parceria com o Centro para Construção da Paz e Reconciliação (CPBR) da cidade de Colombo, no Sri Lanka, estabeleceu um projeto para treinar centenas de líderes religiosos e profissionais das comunidades de fé com o objetivo de buscar resoluções de conflito cooperativas (Thistlethwaite, 2012).

Quarta norma prática: reconhecer responsabilidade pelos conflitos e pelas injustiças e buscar arrependimento e perdão

Para o judeu David Gordis, há uma conexão entre a reconciliação entre seres humanos e o processo de reconciliação da humanidade com Deus, que os judeus denominam *teshuvah*, ou seja, *retorno* (Gordis, 2012). Segundo Maimônides, isso envolve três etapas: remorso (*harata*), confissão (*vidui*) e retorno (*teshuvah*). Cabe a cada pessoa entender que, nas relações humanas, vale o mesmo princípio: a reconciliação, e, para que seja verdadeira, deve contemplar um processo de arrependimento e o perdão pelos danos causados ao outro.

Quinta norma prática: avançar com a democracia, os direitos humanos e a interdependência

Democracias não são perfeitas e podem fazer mal à humanidade. No entanto, podemos constatar, na história do século XX, que as democracias, em geral, investem menos em armamentos e se dispõem menos para a guerra do que as ditaduras (Thistlethwaite, 2012). As ditaduras, em geral, são menos abertas à adesão aos direitos humanos, como é possível notar pelos bem conhecidos desrespeitos a esses direitos cometidos pelas ditaduras no século XX, dos regimes fascista, nazista e comunista aos regimes latino-americanos.

Sexta norma prática: nutrir o desenvolvimento econômico justo e sustentável

Trata-se dos "processos de mudança nos relacionamentos das pessoas com seus ambientes, que resultem em um aumento de seu padrão de vida ou sua qualidade de vida" (Thistlethwaite, 2012, p. 111, tradução nossa). Isso significa buscar as formas de favorecimento próprio que não agridam ou prejudiquem o ambiente ao nosso redor, mas que contribuam para a vida do próximo e para o cuidado do meio ambiente.

Sétima norma prática: trabalhar com forças cooperativas emergentes no sistema internacional

Há, hoje, inúmeras forças emergentes que ganham projeção no sistema internacional, especialmente se levarmos em conta a globalização e a intercomunicação resultante da internet e de outros meios de comunicação. Atualmente, em razão disso, inúmeras organizações não governamentais (ONGs) têm desenvolvido ações de impacto mundial para o favorecimento da paz, a exemplo dos Médicos Sem Fronteiras (Médecins Sans Frontières), cujo trabalho em situações de catástrofes e conflitos armados tem favorecido a proteção e o cuidado da vida humana.

Oitava norma prática: fortalecer as Nações Unidas e os esforços internacionais pela cooperação e direitos humanos

Está cada vez mais clara a necessidade de órgãos como a Organização das Nações Unidas (ONU) não somente para mediar conflitos entre países, povos e religiões, mas também, em grande medida, para identificá-los e preveni-los antes que venham a se deflagrar.

Nona norma prática: reduzir armas de ataque e comércio de armas

Apesar de a Guerra Fria (1947-1991) ter terminado, alguns países, a exemplo da Coreia do Norte, vêm aumentando cada vez mais seus investimentos em armas militares e, inclusive, nucleares, fazendo com que as relações – nada amistosas – com outros países, como os Estados Unidos, resultem em uma preocupação mundial. Afinal, caso haja um conflito entre as duas potências, dificilmente um país sairia incólume, considerando a força bélica de ambos, resultante de investimentos pesados.

Décima norma prática: encorajar grupos de pacificação de base e associações voluntárias

Não são poucas as ações que, apesar da beleza de suas iniciativas, acabam enfrentando dificuldades financeiras por não receberem investimentos suficientes. Mesmo projetos de qualidade atestada internacionalmente, como o ABC4All School, um projeto da Iniciativa das Religiões Unidas (URI), realizado em Lahore, no Paquistão, têm enfrentado dificuldades, embora incentivem aquilo que é, para muitos, o principal caminho para a promoção da paz: a educação (Thistlethwaite, 2012).

Não obstante dez princípios apontados pelo projeto Interfaith Just Peacemaking terem o nome de *normas*, não são imposições, mas sugestões. Tão importante quanto a realização dessas práticas é a conscientização, por parte de cada um, da necessidade de mudança no que diz respeito à guerra e à paz. Todavia, não podemos deixar de perceber que algumas propostas de éticas oferecidas por determinadas religiões favorecem a aplicação dos princípios do Interfaith Just Peacemaking.

É o caso, por exemplo, da fé *bahá'í*, que se fundamenta no princípio central de irmandade da humanidade e tem como principais objetivos a promoção da justiça e da paz universal. Assim, o fundador dessa religião, Bahá'u'lláh, além de impulsionar uma nova perspectiva espiritual, também "admoestou os senhores e governantes do mundo a estabelecerem a paz e reduzirem os gastos desnecessários em armamentos" (Momen, 2008, p. 50, tradução nossa), uma vez que entendia que os governos "devem servir às causas da paz internacional, da justiça social e da unidade mundial" (Hartz, 2009, p. 49, tradução nossa).

Quanto aos adeptos da fé *bahá'í*, a promoção da paz não é apenas o cumprimento de uma perspectiva ética, mas é também, em grande medida, a contribuição para a uma futura sociedade global de paz profetizada, a paz mundial. E essa paz mundial deverá ser uma espécie de reino de Deus na Terra (Smith, 2002), unificando a humanidade espiritual e politicamente. Portanto, a promoção da paz é, além de um dever ético, uma participação na futura realização escatológica pregada por essa religião.

SÍNTESE

Neste capítulo, apresentamos as diversas e variadas perspectivas das religiões judaica, cristã e muçulmana a respeito da guerra, buscando enfatizar aspectos principais e desafios éticos.

Quanto ao judaísmo, evidenciamos que, apesar de essa religião ter uma ideia de guerra santa, tal santidade está muito mais na compreensão de que Deus é o único que pode optar pela guerra, por ser dono da vida, do que em uma espécie de luta contra outras religiões – como parece ser o uso atual da expressão *guerra santa* para algumas pessoas.

Também destacamos o texto de Deuteronômio 20, que, escrito cerca de 3.000 anos antes da Convenção de Genebra, já buscava defender os direitos tanto dos israelitas, para que pudessem optar ou não pela guerra em determinadas circunstâncias, quanto de seus inimigos, defendendo a vida de mulheres e crianças.

No caso do cristianismo, enfatizamos que as posições variaram ao longo da história, uma vez que foram realizadas guerras santas em nome de Jesus Cristo, como no caso das Cruzadas, e, no sentido oposto, alegou-se que Jesus seria uma espécie de defensor da não violência, semelhante a Gandhi. No intento de direcionar a escolha do cristão em meio a tal ambiguidade de possibilidades, o teólogo Agostinho indicou sete critérios para que o cristão avalie se uma guerra é justa, em seu começo ou no modo que é conduzida.

Quanto ao islamismo, discutimos a má compreensão ocidental do termo árabe *jihad*, que, embora seja interpretado por terroristas de um modo bélico, incentivando atentados e outras ações, tem outros sentidos possíveis e importantes. Constatamos, portanto, como precisamos desvincular as ideias de *terrorismo* e *islamismo*.

Por fim, abordamos as dificuldades de aplicação dos princípios religiosos a respeito da guerra no contexto atual, não somente marcado pelos conflitos religiosos, mas também pela tensão provocada, em grande medida, pelo atentado de 11 de setembro de 2001.

Atividades de autoavaliação

1. Segundo o sermão de Moisés apresentado em Deuteronômio 20, seriam dispensados de participar na guerra os israelitas que tivessem:
   a) menos de 18 anos.
   b) medo.
   c) mãe viúva.
   d) alguma deficiência.
   e) filhos para sustentar.

2. Qual teólogo apresenta sete critérios para um cristão avaliar a possibilidade de guerra?
   a) Clemente.
   b) Justino.
   c) Agostinho.
   d) Anselmo.
   e) Tomás de Aquino.

3. Qual das quatro formas de *jihad* tem sido enfatizada ultimamente, levando à associação equivocada entre islamismo e terrorismo?
   a) A *jihad* do coração.
   b) A *jihad* da boca e da pena.
   c) A *jihad* da mão.
   d) A *jihad* da espada.
   e) Nenhuma.

4. Para além do ativismo, ou seja, da participação nas guerras empreendidas por uma nação e do apoio a elas, e do pacifismo, ou seja, da negação de participação em qualquer guerra, o teólogo Walter C. Kaiser Jr. apresenta uma terceira possibilidade ao cristão, a qual ele denomina:
   a) *seletivismo*.
   b) *não violência*.

c) *jihad.*
d) *teshuvah.*
e) *satiagraha.*

5. Que evento recente, segundo o texto deste capítulo, mudou a forma como as pessoas se relacionam com a religião?
    a) A queda do muro de Berlim, em 9 de novembro de 1989.
    b) A eleição do presidente estadunidense Donald Trump, em 8 de novembro de 2016.
    c) A eleição do presidente brasileiro Jair Messias Bolsonaro, em 28 de outubro de 2018.
    d) O atentado às torres gêmeas, em 11 de setembro de 2001.
    e) A pandemia decorrente do novo coronavírus de 2020.

Atividades de aprendizagem

Questões para reflexão

1. Pesquise, na internet, a resolução da Convenção de Genebra de 1949 e a compare com o texto de Deuteronômio 20. Em sua análise, considere que os dois documentos têm aproximadamente 3.000 anos de distância entre a elaboração de um e de outro.

2. Em artigos de jornais, impressos ou *on-line*, procure os vários usos que a mídia faz da palavra árabe *jihad*. Reflita criticamente o emprego do termo com base no que foi exposto neste capítulo.

Atividade aplicada: prática

1. Em uma folha, escreva as dez normas práticas propostas pelo projeto Interfaith Just Peacemaking. Depois, pense que atitudes você já tomou ou poderia tomar para contribuir com a promoção da paz em um conflito – pessoal ou coletivo – no qual você está envolvido.

5
JUSTIÇA SOCIAL E DIREITOS

Desde a sua origem como reflexão teórica, na Grécia Antiga, a ética sempre esteve relacionada à sociedade, enfatizando o caráter social do ser humano. Platão e Aristóteles concebem o ser humano como *homo politicus*, ou seja, *homem político*, pelo fato de que o entendem, e seus aspectos, com base na relação com o coletivo, a *pólis*, que quer dizer *cidade*, a qual habitam e se estabelecem como indivíduos, não tanto pela diferenciação, mas pela relação com o todo.

É por tal motivo que, para Platão, assim como para a maior parte dos filósofos antigos, ética e política são inseparáveis, como lembra Maire (1986). Em Aristóteles, essa relação se evidencia tanto em termos tais como *ethos*, que tem sentido político (Vergnières, 1999), quanto no fato daquilo que ele chama de *política* ser, na verdade, "a ciência complexiva da atividade moral dos homens, quer como indivíduos, quer como cidadãos" (Reale, 2007, p. 97). Inversamente, ética é a reflexão em busca do bem e da felicidade levando-se em conta o bem do coletivo. Nesse sentido, a ética é subordinada à política, uma vez que, se o indivíduo existe por causa da cidade, e não a cidade por causa do indivíduo (Reale, 2007), cada pessoa deve buscar o bem para a cidade, o que será, igualmente, o bem para si mesmo. Como dito pelo próprio Aristóteles (2009, p. 18) em sua obra *Ética a Nicômaco*:

> mesmo que haja um único bem para cada indivíduo em particular e para todos em geral num Estado, parece que obter e conservar o bem pertencente a um Estado é obter e conservar um bem maior e mais completo. O bem que cada um obtém e conserva para si é suficiente para se dar a si próprio por satisfeito; mas o bem que um povo e os Estados obtêm e conservam é mais belo e mais próximo do que é divino.

Desse modo, Aristóteles demonstra como o parâmetro ético está relacionado não somente à religião, pela aproximação com o divino, mas também à política, colocando o povo, e mesmo o Estado, como prioridade sobre cada indivíduo. Cabe, inversamente, ao próprio Estado e ao povo, por meio da educação, levar cada indivíduo que forma a sociedade a desenvolver dentro de si a ética. Afinal, segue-se a ideia de Platão de que é a educação correta que faz do ser humano o mais divino dos animais, aproximando-o da divindade e tornando a educação uma imitação de Deus (Teixeira, 1999). Assim, a ética é, conforme Platão, fruto da reflexão individual, "mas também é fruto do ensinado, do aprendido, do transmitido e recebido, por meio do processo de vida que se estabelece entre cada indivíduo inserido na *pólis* com a natureza que envolve a ambos – indivíduo e cidade" (Pereira Filho, 2014, p. 94). No entanto, se há uma relação entre ética, política e religião, cabe uma reflexão, para além de Platão e Aristóteles, de quais são as perspectivas das várias religiões a respeito dos aspectos éticos da política, que envolvem principalmente as ideias de justiça social e direitos, fundamentos da vida coletiva e em comunidade.

5.1 Reis e profetas de Israel

Não está errado quem afirma que "justiça e direito são os pilares que dão sustentação a uma sociedade" (Koch, 1984, p. 33, tradução nossa). Afinal, é sobre tais fundamentos que se dá a vida coletiva e em comunidade. Assim, uma vez que o profeta no antigo Israel não era apenas um homem político (Chouraqui, 1990), mas também um homem social, do povo, não é de se estranhar que a justiça e o direito tenham também importância fundamental na construção da própria vocação profética (Rossi, 2013), já que o profeta era, em grande medida, um defensor da justiça e do direito do povo.

O profeta da Bíblia hebraica é aquele que anuncia o futuro e que entende a memória do passado, conhece a promessa futura e contrasta ambos com a situação do presente. Mais do que com o passado e o futuro, portanto, o profeta está preocupado com o seu tempo, indicando a possibilidade de se alterar o destino futuro pela mudança da situação atual. Os profetas falaram "concretamente para um tempo, lugar e circunstância particular", como afirma Rossi (2013, p. 40). Mais do que anunciadores, os profetas de Israel eram críticos e dinamizadores e tinham como função "manter juntos o espírito crítico e o espírito ativo" (Brueggemann, 1983, p. 14), criticando a política e a própria religião.

Questiona-se a religião quando esta se desvia de seu foco, não mais agindo em virtude da justiça e do direito, mas em prol da defesa dos ricos e dos poderosos. Assim, o movimento profético de Israel surgiu como resposta tanto ao poder real (Rossi, 2013) quanto à religiosidade que exalta a monarquia e a sacraliza, ignorando o que é mais importante para o bem-estar de uma sociedade: a justiça e o direito. Até porque, não somente no tempo de Jesus, mas em toda a Antiguidade, os "funcionários religiosos eram personagens políticos" (Malina, 2004, p. 33), os quais muitas vezes se aliavam à coroa a fim de lucrar ou, pelo menos, estar livres de ameaça. Para isso, não era raro que religiosos fizessem vistas grossas a atitudes e decisões reais que evidentemente contrariavam e ofendiam as propostas divinas de ordem e justiça, de modo que "a visão primeira transforma-se no bem-estar e na exaltação do rei em si mesmo, desfazendo-se o papel de advogado dos marginalizados"

(Brueggemann, 1983, p. 50). Por essa razão, podemos dizer que o profetismo[1] da Bíblia hebraica:

> apresenta uma prolixidade notável de situações de conflito sociopolítico aberto entre alguns profetas e a realeza, assim como contra outros grupos sociais de elite (sacerdotes, profetas, oficialato régio e os investidos de poderes judiciais), desdobrando-se em manifestações críticas de denúncia e condenação de uma prolixidade de injustiças sociais, da política interna e externa, e de matérias religiosas. (Vieira, 2012, p. 78)

De fato, a própria monarquia parece ter sido uma espécie de negação da vontade divina, decorrente da teimosia do povo em querer um rei em vez de se submeter a Deus por meio da liderança de Samuel. Não por acaso, Samuel é considerado o último dos juízes (substituídos pelos reis na liderança do povo de Israel) e também o primeiro dos profetas após Moisés, os quais se levantavam como voz divina para orientar e, também, questionar e acusar a monarquia. E esta deve ser vista como resultado de uma teimosia do povo, uma vez que Deus sabia que, com a monarquia, viriam consequências que afetariam a liberdade e o bem-estar social do povo de Israel, e os avisou a respeito disso:

> Quando Samuel ficou idoso, nomeou seus filhos para serem juízes sobre Israel. Joel, seu filho mais velho, e Abias, o segundo mais velho, julgavam em Berseba, mas não eram como seu pai. Eram gananciosos, aceitavam subornos e pervertiam a justiça. Por fim, as autoridades de Israel se reuniram em Ramá para discutir essa questão com Samuel. Eles disseram: "Olhe, o senhor está idoso e seus filhos não seguem seu exemplo. Escolha um rei para nos julgar, como ocorre com todas as outras nações". Samuel não

---
[1] O profetismo judaico era o movimento religioso pelo qual profetas se apresentavam como arautos divinos para alertar o povo judeu a respeito de desvios relacionados à religiosidade e, até mesmo, de injustiças sociais.

gostou de que lhe tivessem pedido um rei e buscou a orientação do Senhor. O Senhor lhe respondeu: "Faça tudo que eles pedem, pois é a mim que rejeitam, e não a você. Eles me rejeitaram como seu rei. Desde que os tirei do Egito até hoje, eles têm me abandonado e seguido outros deuses. Agora, tratam você da mesma forma. Faça o que eles pedem, mas advirta-os solenemente a respeito de como o rei os governará". Então Samuel transmitiu a advertência do Senhor ao povo que lhe pedia um rei. Disse ele: "Este é o modo como o rei governará sobre vocês. Ele convocará seus filhos para servi-lo em seus carros de guerra e como seus cavaleiros e os fará correr à frente dos carros dele. Colocará alguns como generais e capitães de seu exército, obrigará outros a arar seus campos e a fazer as colheitas e forçará outros mais a fabricar armas e equipamentos para os carros de guerra. Tomará suas filhas e as obrigará a cozinhar, assar pães e fazer perfumes para ele. Tomará de vocês o melhor de seus campos, vinhedos e olivais e os dará aos servos dele. Tomará um décimo de sua colheita de cereais e uvas para distribuir entre seus oficiais e servos. Tomará seus escravos e escravas e o melhor do gado e dos jumentos para uso próprio. Exigirá um décimo de seus rebanhos, e vocês se tornarão escravos dele. Quando esse dia chegar, lamentarão por causa desse rei que agora pedem, mas o Senhor não lhes dará ouvidos". Mas o povo se recusou a ouvir a advertência de Samuel. "Mesmo assim, queremos um rei", disseram. "Queremos ser como todas as nações ao nosso redor. Nosso rei nos julgará e nos conduzirá nas batalhas." Samuel repetiu para o Senhor aquilo que o povo tinha dito, e o Senhor lhe respondeu: "Faça o que eles pedem e dê-lhes um rei". Então Samuel ordenou aos israelitas que voltassem cada um para sua cidade. (Bíblia. 1 Samuel, 2016, 8: 1-22)

A solicitação por um rei é percebida, nesse texto, como uma rejeição a Deus. Afinal, por meio da liderança dos juízes, Deus podia exercer de forma mais direta sua justiça e seu direito. Agora, com o estabelecimento de um rei, o povo está solicitando que este venha a "julgá-los" (Bíblia. 1 Samuel, 2016, 8: 5). Certamente, tal pedido ocorreu, segundo o texto, pelo fato de que os filhos de Samuel não eram aptos a liderar, uma vez que "pervertiam a justiça" (Bíblia. 1 Samuel, 2016, 8: 3). No entanto, a mudança de regime, de uma teocracia sob a liderança dos juízes orientados por Deus, para uma monarquia, comandada por reis, representou um desejo de que a justiça e o direito fossem aplicados tal qual "todas as outras nações" (Bíblia. 1 Samuel, 2016, 8: 5), e não mais segundo os critérios estabelecidos por Deus.

Como bem indicado por Lowery (2004, p. 14), a monarquia resultou, de fato, em um duplo fardo para o povo trabalhador: impostos pagos com suor para o Estado, e trabalhos forçados, os quais, em conjunto, "acarretaram mudanças econômicas que deixaram um número cada vez maior de pessoas sem terras, alienando-as dos seus meios de subsistência". Assim, a terra, que é um dos principais símbolos da promessa divina (pela ideia da terra prometida), do dom de Deus à humanidade e, até mesmo, da libertação do povo (que saiu do Egito para conquistar sua própria terra), torna-se, com o tempo, objeto do controle real (Brueggemann, 1986).

Para que as consequências negativas fossem atenuadas, Deus, segundo o relato da Bíblia hebraica, estabelece **limites para a monarquia**, os quais são apresentados na reformulação da lei presente no livro de Deuteronômio, que indica como deveria ser um rei, considerando que o povo optasse pelo caminho da monarquia:

> Se quando entrarem na terra que o Senhor, o seu Deus, lhes dá, tiverem tomado posse dela, nela tiverem se estabelecido, vocês disserem: "Queremos um rei que nos governe, como têm todas as nações vizinhas", tenham o cuidado de nomear o rei que o Senhor, o seu Deus, escolher. Ele deve vir dentre os seus

próprios irmãos israelitas. Não coloquem um estrangeiro como rei, alguém que não seja israelita. Esse rei, porém, não deverá adquirir muitos cavalos, nem fazer o povo voltar ao Egito para conseguir mais cavalos, pois o Senhor lhes disse: "Jamais voltem por este caminho". Ele não deverá tomar para si muitas mulheres; se o fizer, desviará o seu coração. Também não deverá acumular muita prata e muito ouro. Quando subir ao trono do seu reino, mandará fazer num rolo, uma cópia da lei, que está aos cuidados dos sacerdotes levitas para o seu próprio uso. Trará sempre essa cópia consigo e terá que lê-la todos os dias da sua vida, para que aprenda a temer o Senhor, o seu Deus, e a cumprir fielmente todas as palavras desta lei, e todos estes decretos. Isso fará que ele não se considere superior aos seus irmãos israelitas e a não se desvie da lei, nem para a direita, nem para a esquerda. Assim prolongará o seu reinado sobre Israel, bem como o dos seus descendentes. (Bíblia. Deuteronômio, 2014, 17: 14-20)

Os reis, portanto, deveriam ser verdadeiros **representantes do povo**: não poderia ser estrangeiro para que fosse alguém "criado nas compreensões e memórias de Israel" (Brueggemann, 1986, p. 111); não deveria acumular muitas riquezas nem muitas mulheres, pois seu excesso poderia implicar a falta ou o prejuízo dos demais; deveria ter como atividade principal ler a Torá (Brueggemann, 1986), ou seja, conhecer a lei de Moisés, a fim de colocar a justiça e o direito propostos por Deus em prática. Mesmo com tal direcionamento, por meio da monarquia, em vez de o Estado que se formou promover a justiça e o direito, parece ter cada vez mais explorado o povo e criado uma desigualdade social crescente, de modo que a política geral, em grande medida, parece ter consistido "em mobilizar e exigir o trabalho do povo em razão da corte e de suas extravagantes necessidades" (Brueggemann, 1983, p. 41).

Para que alguns tivessem muito, para comer em excesso e beber vinho sem medida, a maioria deixava de ter o pouco que tinha. As cortes e os aristocratas bebiam um "vinho daqueles que estão sujeitos a multas", como chama o profeta Amós (Bíblia. Amós, 2013, 2: 8), fruto do suor do trabalho dos pobres; aqueles comem tanto que são chamados pelo profeta de *vacas de Basã* (Bíblia. Amós, 2013, 4: 1). Assim, é bem possível que a visão do contraste entre a opulência da comilança e bebedice da elite e a miséria e fome dos pobres tenha sido a experiência fundante (Reimer, 2009) das críticas sociais de Amós, as quais ele dirige, no uso da expressão *vacas de Basã*, à monarquia e à liderança religiosa (Silva, 2010). Logo, Amós, que não se considerava profeta, mas se identificava com sua profissão de boiadeiro (Bíblia. Amós, 2013, 7: 8), utiliza da linguagem de seu contexto para acusar e criticar a opressão que via em seu tempo.

Nessa **política de opressão**, inseriu-se e se consolidou "uma religião controlada, estática" (Brueggemann, 1983, p. 42), a qual permitia e facilitava a opressão dos ricos e poderosos sobre os mais pobres e "na qual a supremacia de Deus estava plenamente subordinada aos projetos do rei" (Brueggemann, 1983, p. 42). Tal controle acontecia, em grande medida, por se reconhecer o potencial da religião na luta contra a opressão, uma vez que a "política da opressão e da violência somente pode ser vencida pela prática da justiça e do direito" (Rossi, 2018b, p. 87), que encontravam na lei de Moisés e na profecia os seus fundamentos.

Os profetas, portanto, parecem ser, na Bíblia hebraica, verdadeiros críticos não somente da monarquia, mas também de toda a estrutura social de seus tempos, desafiando dogmas, ideias e até mesmo lideranças religiosas. Em alguns casos, a exemplo de Elias e de Eliseu, as lideranças religiosas eram sacerdotes de outra divindade, Baal, que se haviam aliado à realeza israelita. É nesse sentido que Asurmendi (1988, p. 21) afirma que o rei e a religião foram "os dois grandes problemas que os profetas Elias e Eliseu tiveram de enfrentar em sua época". Porém, em muitos casos, a crítica dos profetas incidiu sobre os sacerdotes do próprio Deus de Israel, como na oposição entre Amós e Amasias (Bíblia. Amós, 2013, 7: 10-17), Oseias e os sacerdotes de seu tempo (Bíblia. Oseias, 2013, 4: 4; 6: 9) e Jeremias e Fassur (Bíblia. Jeremias, 2013, 20), ou ainda sobre outros profetas de Deus, como também o fez o profeta Jeremias (Bíblia. Jeremias, 2013, 5: 30). Os profetas se opuseram, portanto, à monarquia e à estrutura social e religiosa formada com base nesta ao longo da história do judaísmo, impulsionando um renovo espiritual fundamentado, em grande medida, na promoção da justiça e na defesa do direito.

Segundo Rossi (2018b, p. 78), as palavras dos profetas devem ser entendidas à luz de uma perspectiva pública e concreta de paz, justiça, segurança e abundância. Entre os profetas, Jeremias parece se destacar como defensor da justiça, a qual é indicada por ele como sendo o desejo de Deus para seu povo. Em contrapartida, a injustiça, para ele, "sempre se apresentava como um escândalo porque aniquilava, aos olhos do profeta, a dignidade das pessoas e, entre elas, especialmente as mais vulneráveis" (Rossi, 2018a, p. 15). Por essa razão, conforme Rossi (2018a, p. 15), a palavra profética de Jeremias é "pautada por um discurso sociopolítico e religioso que atingia a liderança do país que, ao invés de se pautarem [sic] pela prática da justiça e do direito, apresentavam-se [sic] como amantes e praticantes da maldade". Como defensor da justiça e do direito, Jeremias se apresenta, pelas palavras do próprio Deus em sua vocação, como "uma cidade fortificada, uma coluna de ferro e uma muralha de bronze contra o país inteiro: contra os reis de Judá e seus chefes, contra os sacerdotes e contra os proprietários de terras" (Jr 1.18, citado por Rossi, 2018b, p. 18).

Todos esses conhecimentos, no entanto, não devem gerar uma ilusão de que os profetas eram verdadeiros forasteiros, completamente alheios à realidade social de seu tempo, a qual criticariam de fora e à distância. Pelo contrário, cada profeta tinha autoridade para criticar a sociedade de seu tempo justamente por fazer parte desta, por estar inserido em sua lógica, estabelecendo uma reflexão crítica de dentro. De fato, como lembra Berger (1985, p. 86), "é provável que eles próprios estavam estreitamente vinculados a certos cargos cúlticos". Se a mensagem dos profetas foi preservada e, em certa medida, seguida, é porque eles tinham valor para a sociedade para a qual se dirigiam quando proferiam suas profecias.

De acordo com Wilson (2006, p. 348), "sua autoridade era conhecida pela sociedade que constituía seu grupo de sustentação". Inseridos na sociedade, os profetas podiam articular os pontos de vista do grupo e ir ao encontro das expectativas grupais, assim como "regular mudança social, política e religiosa, preservando assim a estabilidade social" (Wilson, 2006, p. 348). Serviam, portanto, como um mecanismo de defesa da justiça social e do direito, bem como de manutenção e preservação da ordem social.

5.2 O pão nosso de cada dia

O cristianismo, em grande medida, herda a ênfase social da crítica profética judaica, visando retomá-la e aprofundá-la. Nesse sentido, muitos profetas da Bíblia hebraica são citados no Novo Testamento, estabelecendo a ponte entre as duas religiões, a qual é percebida por muitos cristãos como um desenvolvimento da própria compreensão sobre o que é e o que deveria ser a religião, presente, principalmente, na crítica dos profetas àqueles que pensavam estar fazendo a vontade de Deus.

A crítica profética de Isaías, por exemplo, não se derrama somente sobre quem está distante de Deus, mas também sobre aqueles que pensam fazer a vontade de Deus, mas não praticam a justiça. Assim, a crítica não advém da falta de espiritualidade e da espiritualidade deturpada, vazia de sentido, que é feita sem o acompanhamento da prática da justiça. Desse modo, Isaías critica até mesmo o **jejum** de muitas pessoas:

> Grite alto, não se contenha! Levante a voz como trombeta. Anuncie ao meu povo a rebelião dele, e à comunidade de Jacó, os seus pecados. Pois dia a dia me procuram; parecem desejosos de conhecer os meus caminhos, como se fossem uma nação que faz o que é direito e que não abandonou os mandamentos do seu Deus. Pedem-me decisões justas e parecem desejosos de que Deus se aproxime deles. "Por que jejuamos", dizem, "e não o viste? Por que nos humilhamos, e não reparaste?" Contudo, no dia do seu jejum vocês fazem o que é do agrado de vocês, e exploram os seus empregados. Seu jejum termina em discussão e rixa, e em brigas de socos brutais. Vocês não podem jejuar como fazem hoje e esperar que a sua voz seja ouvida no alto. Será esse o jejum que escolhi, que apenas um dia o homem se humilhe, incline a cabeça como o junco e se deite sobre pano de saco e cinzas? É isso que vocês chamam jejum, um dia aceitável ao Senhor? O jejum que desejo não é este: soltar as correntes da injustiça, desatar as cordas do jugo, pôr em liberdade os oprimidos e romper todo jugo? Não é partilhar sua comida com o faminto, abrigar o pobre desamparado, vestir o nu que você encontrou, e não recusar ajuda ao próximo? Aí sim, a sua luz irromperá como a alvorada, e prontamente surgirá a sua cura; a sua retidão irá adiante de você, e a glória do Senhor estará na sua retaguarda. Aí sim, você clamará ao Senhor, e ele responderá; você gritará por socorro, e ele dirá: Aqui estou. "Se você eliminar do seu meio o jugo opressor, o dedo acusador e a falsidade do falar; se com renúncia própria você beneficiar os famintos e satisfizer o anseio dos aflitos, então a sua luz despontará nas trevas, e a sua noite será como o meio-dia". (Bíblia. Isaías, 2014, 58: 1-10)

Segundo esse texto, o jejum não tem valor quando alguém explora seus empregados. Portanto, o jejum, prática de espiritualidade e procura de Deus, deve ser realizado juntamente à aplicação da justiça social, por meio da obediência aos direitos que Deus deseja às outras pessoas. Conforme esse mesmo princípio, o *Pastor de Hermas*, um dos textos cristãos mais antigos – que, por isso, quase veio a fazer parte do conjunto de livros que forma o Novo Testamento –, apresenta como deve ser o jejum do cristão:

> E você também fará o seguinte. Tendo cumprido o que está escrito, no dia em que jejuar, nada provará além de pão e água; e depois de calcular o preço dos pratos que pretendia consumir naquele dia, dará o valor aferido a uma viúva ou a um órfão, ou a alguém necessitado, e assim mostrará humildade de espírito, de modo que aquele que houver recebido o benefício de sua humildade possa alimentar sua alma e orar por você ao Senhor. (Pais Apostólicos, 2017, p. 213)

Trata-se de uma proposta que, apesar de ser bastante antiga – data do primeiro século depois de Cristo –, pode ser vista como inovadora para muitas pessoas hoje: não praticar um jejum somente de abstinência, mas de doação e entrega. Um jejum no qual se deixa de consumir algo e que permite que alguém sem condições possa experimentar aquilo que você já está acostumado a usufruir.

A ideia, ao que tudo indica, é tornar o jejum uma prática mais efetiva na aproximação de alguém a Deus. Afinal, se uma pessoa realizar jejum com o intuito de sofrer, por meio da abstinência de alimento, não fará a vontade de Deus, uma vez que Deus não deseja o sofrimento de ninguém. Ao mesmo tempo, também se impede que o jejum seja utilizado para fins impróprios: se, nos tempos de Jesus, muitos fariseus faziam jejum para aparecer e ser admirados por outras pessoas (Bíblia. Mateus, 2013, 6: 16-18), hoje, além de haver pessoas com esse intuito, existem aqueles que realizam jejum para tirar proveitos distantes da espiritualidade, como o emagrecimento e até mesmo a economia. Nesse sentido, a doação do valor do alimento impede a avareza, e a alimentação – mesmo em jejum – de pão e água impede a intenção de emagrecimento por desnutrição.

Diferentemente dessas intenções equivocadas, o jejum do cristão deve visar a uma aproximação: deve ser acompanhado do amor ao próximo, realizado de forma prática por ações de justiça, especialmente dando alimento a quem não tem. De certo modo, poderíamos dizer que o jejum de Jesus no deserto (Bíblia. Lucas, 2013, 4: 1-13), no qual ele chega a ser tentado pelo diabo para que transformasse pedras em pão, deve ser compreendido conjuntamente à multiplicação dos pães e peixes (Bíblia. Lucas, 2013, 9: 10-17), quando Jesus faz um milagre não para seu próprio benefício, mas para alimentar uma multidão faminta. Ainda precisamos unir essa compreensão à última ceia (Ratzinger, 2007), na qual Jesus divide o pão que simboliza seu corpo com seus discípulos.

Talvez seja essa a luz interpretativa necessária para entendermos a tão complexa quarta petição da oração do Pai Nosso, que costuma ser traduzida como "o pão nosso de cada dia dai-nos hoje". Isso porque a expressão usualmente traduzida por "de cada dia" no original grego apresenta-se com apenas um termo, *epiousion*, que é um verdadeiro "problema para os especialistas" (Rosa; Gusso, 2015, p. 15), a ponto de ser considerada "a cruz dos exegetas" (Nieto, 2001, p. 156). Tal termo grego, que somente aparece na Bíblia na própria oração do Pai Nosso, segundo Orígenes, não se encontra em nenhum outro texto do mundo grego; foi inventado pelos evangelistas (Ratzinger, 2007). Contudo, como bem demonstrado por Rosa e Gusso (2015), podemos traduzir de forma mais precisa o termo *epiousion* como *de amanhã*, em decorrência do caráter escatológico que carrega, indicando a esperança da instauração do reino de Deus e da volta do Messias.

Ainda que tenha tal aspecto escatológico, a petição não deixa de ter um sentido social, uma vez que o pedido do pão indica a importância do alimento básico e, inclusive, por ser de comunidade dos seguidores de Jesus. Afinal, não se pede o pão individualmente, mas se ora pelo pão **nosso**, ou seja, pelo alimento diário não apenas de uma pessoa, mas de toda a comunidade cristã. O pão, porém, é somente um: **o pão** nosso, e não **os pães** nossos. O alimento básico de um cristão deve ser entendido como pertencente a todos da comunidade, com quem se divide aquilo que tem. Assim, ainda que o aspecto escatológico seja mais importante no cristianismo do que o aspecto social, "a mudança social vem em decorrência do comprometimento da igreja com esses valores" (Rosa; Gusso, 2015, p. 30), ou seja, a Igreja, quando assume a tarefa de proclamar o Evangelho e a volta de Cristo, entende sua função de compartilhar do pão.

Podemos compreender a relação entre os primeiros cristãos por essa ideia. É por isso que a Igreja primitiva, como bem relata o livro de Atos dos Apóstolos, apresentava como característica que seus membros "compartilhavam tudo o que tinham" (Bíblia. Atos dos Apóstolos, 2014, 4: 32), de modo que "não havia pessoas necessitadas entre eles, pois os que possuíam terras ou casas as vendiam, traziam o dinheiro da venda e o colocavam aos pés dos apóstolos, que o distribuíam segundo a necessidade de cada um" (Bíblia. Atos dos Apóstolos, 2014, 4: 34-35). Ricos e pobres, portanto, uniam-se em amor, dividindo aquilo que possuíam, de modo que os ricos não chegavam a se tornar necessitados, mas permitiam que os pobres não passassem mais pelas carências que haviam passado, sendo sustentados pela provisão comunitária.

Como diz a *Carta da Igreja de Roma à Igreja de Corinto*, conhecida como *Primeira carta de Clemente*: "os ricos devem prover aos pobres; os pobres devem agradecer a Deus por receberem alguém que os ajude a enfrentar suas necessidades" (Pais Apostólicos, 2017,

p. 35-36). Logo, a Igreja primitiva apresenta-se como uma espécie de "comunidade para uso dos necessitados" (Moltmann, 2009, p. 166), na qual o coletivo se integra e se une por meio de um "amor que serve", pelo qual se existe e se vive (Von Harnack, 2014, p. 66).

No mesmo sentido, também podemos entender a ceia como o ato de anúncio da volta de Jesus Cristo aguardada por meio do compartilhar do pão. Afinal, se hoje tal ritual cristão envolve apenas um pedaço de pão na maioria dos casos – seja entre católicos, seja entre protestantes – no início do cristianismo, era realizada por meio de uma refeição compartilhada. Essa refeição, por ser comunitária, era particularmente importante para os pobres, que encontravam nela alívio para sua fome.

Ainda assim, muitas pessoas, embora tivessem condições financeiras, abusavam da boa vontade dos demais, comendo e bebendo sem limites, em vez de dar preferência àqueles que têm pouco ou mesmo nada. Por essa razão, em sua Primeira Carta aos Coríntios, o apóstolo Paulo critica aqueles que ceiam sem esperar os demais, exagerando e fazendo com que os outros fiquem com fome: "Será que vocês não têm casa onde comer e beber? Ou desprezam a igreja de Deus e humilham os que nada têm? Que lhes direi? Eu os elogiarei por isso? Certamente que não!" (Bíblia. 1 Coríntios, 2014, 11: 22). Por isso, pede a todos que esperem uns pelos outros (Bíblia. 1 Coríntios, 2013, 11: 33) na hora de comer da ceia.

Logo, a ceia, assim como a quarta petição do Pai Nosso, serve para que cada cristão lembre da importância do alimento e da unidade que tem com as outras pessoas: o que se pede a Deus é o pão, o necessário para a sobrevivência, e não o extraordinário, o supérfluo e o exagero. Quem tem não deve comer até se "embriagar", deixando o próximo com fome (Bíblia. 1 Coríntios, 2013, 11: 21), mas deve repartir seu pão, compreendendo que não é seu, mas de todos aqueles que dele precisam. Nesse sentido, a ceia e, principalmente, o Pai Nosso, "recordam aos saciados a súplica do próprio Deus: 'Reparte com os famintos o teu pão' (Is 58.7)", como lembra Boff (1997, p. 102). Se, para aqueles que têm seu pão de cada dia, a oração se projeta longe, no pedido de coisas para o futuro, como um carro novo, um aumento salarial etc., para as milhões de pessoas que vivem na pobreza, na miséria e na fome, "a súplica pelo pão possui um sentido direto e imediato" (Boff, 1997, p. 102). Porém, tendo em vista que, para muitos, outras coisas que não o alimento se tornam necessidades reais – e não apenas necessidades aparentes, decorrentes de uma vida abastada e superficial –, podemos dizer que o pão pode ser considerado, como indicou Lutero (2005, p. 149), como tudo de que se necessita como alimento, por exemplo:

> Comida, bebida, vestuário, calçado, casa, lar, terras, gado, dinheiro, bens, um cônjuge piedoso, filhos piedosos, criados piedosos, autoridades piedosas e fiéis, um bom governo, um bom tempo, paz, saúde, boa ordem, boa reputação, bons amigos, vizinhos fiéis, e coisas semelhantes a estas.

Em tais necessidades, os cristãos devem unir-se, orando uns pelos outros e pedindo ao Pai que atue, tal como pediriam em prol de suas próprias necessidades. Desse modo, a ceia remete à unidade, e a oração remete à urgência: a ceia serve para unir os cristãos, e o pedido do pão "mergulha o cristão no drama do mundo, em plena massa humana", levando-o a "ver aquele que tem fome, aquele que está na necessidade, e lhe revelar o rosto de Cristo, que se fez pobre, ainda que dispusesse de todas as riquezas" (Hamman, 1992, p. 62-63). Nesse sentido, quando um cristão decide vivenciar o jejum de modo consciente e proposital, abstendo-se do alimento que costuma ter a fim de se aproximar daqueles que nada têm, está, de certo modo, imitando a encarnação de Jesus Cristo, pela qual o senhor sobre todas as coisas se fez pobre para se aproximar do ser humano necessitado.

O indivíduo que venha a ter tal atitude de humildade, buscando imitar a Cristo, poderá facilmente perceber que somente detém um aparente poder sobre os bens que Deus concedeu a todos, de modo que mesmo consciências coletivas, como os países ricos, poderão lembrar que "eles apenas são os intendentes de Deus", por isso são "responsáveis por uma divisão equitativa" da riqueza do mundo para o bem da humanidade (Hamman, 1992, p. 62). Eis a responsabilidade com a qual um cristão rico se depara quando encara sua situação de riqueza como problema ético! Com tamanho desafio, não é de se estranhar que Jesus tenha dito que os pobres são "bem-aventurados" (Bíblia. Lucas, 2014, 6: 20) e que é mais fácil "passar um camelo pelo fundo de uma agulha do que um rico entrar no Reino de Deus" (Bíblia. Lucas, 2013, 18: 25). Portanto, não é impossível um rico ser cristão e viver o Evangelho, mas certamente não será fácil encarar as responsabilidades da aplicação prática daquilo que Jesus propõe a respeito da justiça social.

5.3 Justiça e generosidade no Islã

A justiça não é importante somente no judaísmo e no cristianismo, mas também no islamismo. Tal como nessas outras duas religiões, o islamismo fundamenta sua ideia de justiça no fato de que Deus, Allah, além de justo, governando o mundo com justiça e benevolência (Alcorão. 1425 [AH], 2: 22; 14: 32-34), é juiz. Ele é quem, no juízo final, julgará todas as coisas.

Para além desse aspecto escatológico, o islamismo apresenta uma valorização da justiça em sentido prático e ético, uma vez que a "ética islâmica assume um sentido mais político no Islamismo, com seus princípios de valentia e cavalheirismo e a austeridade de vida, moralidade administrativa e comercial, interesse pelos pobres e órfãos" (Moraes, 2011, p. 562). Esse aspecto prático é, em grande medida, fruto da consciência de responsabilidade daquele que possui em relação a quem tem pouco ou nada. Afinal, quem possui não é dono de fato de nada, mas é califa de Allah, seu representante, devendo agir, com relação a seus bens, com a justiça e benevolência próprios de Allah. Nesse sentido, o Alcorão traz um exemplo:

> Certamente provaremos o povo de Meca, como provamos os donos do pomar, ao decidirem colher todos os seus frutos ao amanhecer, sem a invocação [do nome de Deus]. Aconteceu que enquanto dormiam, sobreveio-lhes uma centelha do teu Senhor. E, ao amanhecer, o pomar estava como se houvesse sido ceifado. [Porque Allah os tratou assim?] Porque naquela manhã, confabularam entre si: "Ide aos vossos campos, se quereis colher!" – E saíram sussurrando: "Que hoje não entre no vosso pomar nenhum necessitado". Assim iniciaram a manhã com avareza, embora cheios de bens. Mas quando viram o pomar sem nenhum fruto [por obra de Allah, o sapiente] disseram: "Em verdade, estamos perdidos! Estamos privados de tudo!" – E o mais sensato deles disse: "Não tinha eu vos advertido? Por que não glorificastes a Deus?" – Responderam: "Glorificado seja o nosso Senhor! Em verdade, fomos iníquos!" – E começaram a reprovar-se mutuamente. Então disseram: "Ai de nós, que fomos transgressores... É possível que o nosso Senhor nos conceda outro pomar, melhor do que este. Voltemo-nos, pois, para Deus". (Alcorão 68.17-20, citado por Maçaneiro, 2009, p. 326)

Esse texto deixa claro que são transgressões, ou seja, injustiças, tanto o mal realizado a um necessitado quanto a ausência de uma boa ação àquele que precisa. A avareza, portanto, é um pecado e também uma verdadeira ofensa ao próprio Allah, uma iniquidade, já que a prática da justiça é considerada glorificação de Allah. Como bem indicou Maçaneiro (2009, p. 326), "assim como o louvor coroa a prática da justiça, em sentido inverso (mas correspondente) a prática da justiça é o coroamento do louvor".

Nesse sentido, cabe lembrar de outro texto do Alcorão, já citado anteriormente:

> A piedade não consiste em voltar a face ao Oriente ou ao Ocidente durante a prece. Piedoso é aquele que crê em Allah, no juízo, nos anjos, no Livro e nos profetas; aquele que, por caridade, reparte seus bens com os parentes, os órfãos, os necessitados, os viajantes e os mendigos; piedoso é aquele que resgata os escravos, recita as orações e paga o tributo corretamente; que cumpre suas obrigações, suportando adversidades, infortúnios e perigos. Assim são os crentes e piedosos. (Alcorão 2.177, citado por Maçaneiro, 2014a, p. 247)

Logo, não são tanto os ritos religiosos que aproximam o crente de Allah, mas a prática da justiça no mundo, a qual é tida como a verdadeira piedade. Desse modo, a avareza é injustiça e, portanto, impiedade, e o mesmo é possível dizer da ostentação: "Se conhecêsseis a Ciência certa, logo renunciaríeis à ostentação" (Alcorão. 1425[AH], 102: 5). Afinal, se a justiça e a generosidade são reflexos da consciência de alguém de seu papel como califa de Allah no mundo, a ostentação pode ser tomada como fruto de uma ilusão de senhorio (Maçaneiro, 2009, p. 329), ou seja, de certa autonomia e independência de Deus em virtude da aparente posse de bens.

A importância da generosidade em oposição à avareza se apresenta de modo especial na prática do *zakat*. O *zakat*, um tributo religioso periódico (geralmente no mês de Ramadan) concedido aos pobres e necessitados, é incentivado e também cobrado pela religião islâmica, estando entre os **cinco pilares do islamismo**, que constituem os fundamentos da prática islâmica, a saber:

1] Testemunhar que não há divindade merecedora de adoração senão Deus e que Muhammad, Moisés, Jesus e Abraão são Seus Mensageiros;

2] Praticar a oração;

3] Pagar o Zakat (imposto individual pago diretamente aos necessitados);

4] Jejuar no mês de Ramadan;

5] Peregrinar à Casa de Deus (em Meca) para quem tiver condições para tal. (Hammadeh, 2014, p. 83)

Como prática, o *zakat* tem sido realizado como um "imposto individual pago diretamente aos necessitados" (Hammadeh, 2014, p. 83). Contudo, mais do que uma prática, é um princípio, um preceito e uma estratégia, de modo que sua reflexão é tão importante que há, inclusive, um periódico acadêmico internacional voltado unicamente para o estudo do *zakat*, o International Journal of Zakat (IJAZ), que é vinculado ao Centro de Estudos Estratégicos BAZNAS, sediado em Jacarta, na Indonésia.

Como objeto de reflexão, tem sido destacado o fato de que a distribuição correta do *zakat*, quando feita aos pobres e necessitados, àqueles realmente precisam, pode fornecer a muitos uma melhor qualidade de vida. Desse modo, o *zakat*, que quer dizer literalmente *crescer*, *aumentar*, é uma prática filantrópica cujo objetivo primário é erradicar a pobreza entre os muçulmanos (Bakar; Ghani, 2011), favorecendo a comunidade muçulmana (umma), que acaba contribuindo para o crescimento não apenas do pobre, mas também das nações, por meio de distribuição de riquezas, resultando em uma realização da justiça aliada ao crescimento e ao desenvolvimento econômico (Malik, 2016).

Não é, portanto, uma esmola, ou seja, uma concessão feita por um sentimento de caridade fortuito e momentâneo. É uma ação consciente, planejada e decidida de utilizar aquilo que se tem para que o outro também possa crescer. É uma ação para com o pobre e necessitado que tem como propósito favorecê-lo para que saia dessa situação, quando possível aumentando aquilo que possui a fim de ter condições melhores e uma vida mais digna. Por esse motivo, como esclarecem Bakar e Ghani (2011), há dois tipos de situações ideais para direcionar o *zakat*: a primeira é para aquelas pessoas que, por alguma razão, estão incapacitadas de trabalhar, sustentando-as no longo prazo e dando-lhes vida digna; a segunda é para aquelas pessoas que desejam iniciar ou avançar em atividades a fim de gerar uma receita para seu sustento e sua melhoria de vida, ou seja, um verdadeiro crescimento.

5.4 O sistema de castas na Índia

Na relação entre religião, justiça social e direitos, um dos maiores problemas parece ser a existência de um sistema de castas na Índia e sua valorização por parte do hinduísmo. Mas o que é o sistema de castas da Índia? Trata-se de uma divisão social organizada hierarquicamente e definida pelo nascimento, a qual implica direitos, deveres e responsabilidades de caráter social e econômico.

Basicamente, por conta de tal sistema, a Índia é dividida em quatro grupos: os brâmanes, tidos como mais importantes, que costumam atuar em cargos de liderança espiritual; os xátrias, que estão abaixo dos brâmanes e geralmente trabalham na liderança militar; os vaixás, abaixo desses dois grupos, que trabalham especialmente no comércio; os sudras, abaixo das demais castas, que trabalham como camponeses, artesãos e operários. As quatro castas, ou quatro *varna* (*cores*), são, portanto, as classes sociais em que cada hindu já nasce inserido, isto é, são classes familiares. Em cada varna, há várias formas de *jati*, ou seja, de nascimento, que são espécies de subclasses.

Além das quatro *varna*, existem os *dalits*, ou *intocáveis*, os quais são assim conhecidos por se acreditar que, sendo impuros, contaminam as pessoas pertencentes a outras classes ao menor contato físico. Estes não são apenas marginalizados, mas são verdadeiramente excluídos do sistema de castas, por isso não são considerados pertencentes a uma quinta casta, mas sim pessoas que simplesmente não tem casta nenhuma. A eles são reservados trabalhos impuros, como a limpeza das sarjetas, o transporte de lixo, o trabalho com carcaças de animais, a limpeza de roupas encardidas e outras atividades semelhantes.

O maior problema do sistema de castas está na desigualdade e no preconceito que acabam acarretando. Os cerca de 200 milhões *dalits*, aproximadamente 18% da população da Índia (Ponraj, 2012), não são apenas considerados impuros, mas também são excluídos da cultura hindu. Por conta da lógica de reencarnação, essas pessoas são merecedoras da condição em que nascem, recebendo recorrentes demonstrações de desprezo e desconsideração. Afinal, mesmo que os deuses sejam considerados justos, a maior e mais plena justiça apresenta-se pelo próprio cosmos, que retribui a cada um o que é devido em virtude de suas ações.

Assim, muitos hindus seguem uma lógica determinista da realidade, na qual a justiça é aplicada pela **lógica de karma**, da ação e sua reação, na qual os desfavorecidos e os pobres são entendidos como merecedores do estado em que se encontram. Agir com misericórdia, portanto, não seria um ato de justiça, como nas demais religiões, mas um ato de benevolência e bondade. Logo, não é uma obrigação, mas uma qualidade possível de quem quiser seguir *karmamarga*, o caminho das ações altruístas em vista da libertação espiritual (*moksha*).

Ao mesmo tempo, há hindus que defendem os direitos dos *dalits* e promovem a justiça social: Gandhi, por exemplo, lutou contra a ideia de intocabilidade, segundo a qual os *dalits* são impuros, buscando desassociá-los dessa ideia ao chamá-los de *harijan*, que quer dizer *filhos (povo) de Hari (de deus)*. Gandhi também afirmou com força política e religiosa que tal postura de preconceito contra os *dalits* era uma "atrocidade social e religiosa" (Bayly, 2001, p. 249, tradução nossa). No entanto, Gandhi "insistiu em preservar a sociedade de castas" (Klostermaier, 2009, p. 6), assim como a maior parte dos hindus que defende a causa *dalit*.

A base teológica para a defesa do sistema de castas no hinduísmo é um texto que, embora bastante antigo, tem grande relevância. Trata-se do famoso *puruṣasūkta*, isto é, o *sacrifício de Puruṣa* ou o *sacrifício do homem*, um dos principais textos do *Rig Veda*, o qual é, por sua vez, o mais importante dos *Vedas*, o principal conjunto de textos sagrados hindus. Por essa razão, a leitura do *puruṣasūkta*, que é o 90º *sūkta* do décimo livro do *Rig Veda*, é essencial a todo aquele que quiser estudar não somente as castas, mas o próprio hinduísmo:

> Mil cabeças tem Purusha, mil olhos, mil pés.
> Por tôda parte impregnando a terra êle enche um espaço com dez dedos de largura.
> Êsse Purusha é tudo que até agora já foi e tudo que será,
> O senhor da imortalidade que se torna maior ainda pelo alimento.
> Tão poderosa é sua grandeza! Sim, maior do que isto é Purusha.
> Tôdas as criaturas são uma quarta parte dêle, três quartas partes são a vida eterna no céu.
> Com três quartos Purusha subiu; um quarto dêle novamente estava aqui.
> Daí saiu para todos os lados por sôbre o que come e o que não come.
> Dele nasceu Viraj; e novamente de Viraj nasceu Purusha.
> Assim que nasceu, espalhou-se para oriente e ocidente sobre a terra.
> Quando os deuses prepararam o Sacrifício com Purusha como sua oferenda,

Seu óleo foi a primavera; a dádiva santa foi o outono; o verão foi a madeira.

Êles embalsamaram como vítima sôbre a grama o Purusha nascido no tempo mais antigo.

Com êle as divindades e todos os Sadhyas e Rishis fizeram sacrifício.

Dêsse grande Sacrifício geral a gordura que gotejava foi colhida.

Êle formou as criaturas do ar, os animais selvagens e domesticados.

Daquele grande Sacrifício geral Rics e hinos-Sama nasceram;

Daí foram produzidos encantamentos e sortilégios; os Yajus surgiram disso.

Dêle nasceram os cavalos e todo o gado com duas fileiras de dentes;

Dêle se reuniu o gado vacum, dêle nasceram cabras e ovelhas.

Quando dividiram Purusha, quantos pedaços fizeram?

A que chamam sua bôca, seus braços? A que chamam suas coxas e pés?

O Brâmane foi sua bôca, de ambos os seus braços foi feito o Rajanya.

Suas coxas tornaram-se o vaixá, de seus pés o sudra foi produzido.

A Lua foi engendrada de sua mente, e de seu ôlho o Sol nasceu;

Indra e Agni nasceram de sua bôca, e Vayu de seu aleato.

De seu umbigo veio a atmosfera; o céu foi modelado de sua cabeça;

A terra de seus pés, e de suas orelhas as regiões. Assim eles formaram os mundos.

Sete bastões de luta tinha êle, três vêzes sete camadas de combustível foram preparadas,

Quando os deuses, oferecendo o sacrifício, manietaram sua vítima, Purusha.

Os deuses, sacrificando, sacrificaram a vítima; estes foram
os primeiros sacramentos;
Os poderosos chegaram às alturas do céu, lá onde os Sadhyas,
deuses antigos, estão morando. (Rig Veda, 10: 90, citado
por Renou, 1964, p. 45-47)

Nesse texto, é apresentada a origem de cada casta: cada uma é derivada de uma parte de Puruṣa, o homem cósmico, do qual todas as coisas do Universo derivam, e que no texto é entendido como representação da divindade da criação, Brahma. Assim, os brâmanes são provenientes da boca de Puruṣa, ou seja, de sua cabeça; os xátrias, de seus braços; os vaixás, de suas coxas; os sudras, de seus pés. Desse modo, a hierarquia social, que coloca os brâmanes no alto, no topo, e os sudras na base, no degrau mais baixo, é apontada como tendo origem cósmica e divina.

Por tal caráter cósmico e divino, é extremamente difícil – e, talvez, praticamente impossível – pensar o hinduísmo desvinculado do sistema de castas, de modo que negar a importância das castas ou querer eliminá-la dessa religião é uma atitude, no mínimo, desafiadora. Afinal, por um texto tão antigo ter tal importância, as castas se tornaram, ao longo do tempo, um verdadeiro fundamento da identidade dos hindus, ao ponto de que ser hindu, de certo modo, "implica ter nascido dentro de uma das castas reconhecidas" (Preciado Solís, 1992, p. 75, tradução nossa).

Por tal importância, segundo o sociólogo Max Weber, o sistema de castas, que impõe deveres rituais e também é o fundamento para importantes direitos religiosos, pode ser considerado como "a instituição fundamental do hinduísmo", a ponto de se afirmar que "sem casta, não há nenhum hindu" (Weber, 1958, p. 29, tradução nossa). Inversamente, podemos pensar que, nessa lógica, os intocáveis, ou *dalits*, não são, de fato, considerados hindus, como parece ter sido enfatizado por Kancha Ilaiah, professor de origem *dalit* que escreveu o livro *Why I am not a Hindu* (em português: *Por que não sou um hindu*).

Não obstante a dificuldade de se sugerir um hinduísmo que ignore o sistema de castas, podemos facilmente propor um hinduísmo que o reinterprete, como o fazem alguns líderes de novos movimentos do hinduísmo, a exemplo de Abhay Charanaravinda Bhaktivedanta Swami Prabhupāda, fundador e líder da Sociedade Internacional para a Consciência de Krishna, mais conhecida como *movimento Hare-Krishna*.

Na esteira da **reinterpretação das castas**, utiliza-se como base principal o *Bhagavad Gītā*, um texto que, apesar de não ser tão antigo quanto os *Vedas*, é tomado por muitos hindus como o livro sagrado mais importante, ao ponto de ser conhecido como Novo Testamento do hinduísmo (Andrade, 2010, p. 44). No *Bhagavad Gītā*, a origem divina das castas não é negada, mas reafirmada e direcionada a Krishna, encarnação (*avatar*) de Vishnu, tomado por grande parte dos hindus como divindade suprema e única: "As quatro divisões da sociedade humana foram criadas por Mim, de acordo com os três modos da natureza material e o trabalho atribuído a eles" (*Bhagavad Gītā*, 4: 13, citado por Prabhupāda, 1985, p. 111).

A reinterpretação embasa-se no fato de que Krishna não fala que as castas são designadas de acordo com o nascimento, mas conforme os três modos da natureza material e o trabalho atribuído a eles. Portanto, a casta deixa de ser uma questão de hierarquia social definida pelo nascimento e se torna uma questão de ocupação e natureza. Assim, o brâmane não é quem nasce na casta dos brâmanes, mas quem age com "tranquilidade, autocontrole, austeridade, pureza, tolerância, honestidade, sabedoria, conhecimento e religiosidade" (*Bhagavad Gītā*, 18: 42, citado por Prabhupāda, 1985, p. 435); o xátria, quem atua com "heroísmo, poder, determinação, destreza, coragem na batalha, generosidade e liderança"; os verdadeiros sudras e vaixás, aqueles que trabalham com a "agricultura, a proteção das vacas e o comércio" (*Bhagavad Gītā*, 18: 44, citado por Prabhupāda, 1985, p. 435).

Por ser uma questão mais de trabalho do que de nascimento, segundo Prabhupāda (1985, p. 436-437), podemos entender que a pertença a uma casta não deve definir-se por origem familiar, mas por habilidade e vocação: "um homem que por natureza é atraído ao tipo de trabalho feito por sudras não deve declarar-se brâmane artificialmente, ainda que tenha nascido numa família de brâmanes". É nesse sentido que ele interpreta a explicação dada por Krishna: "É melhor dedicar-se à própria ocupação, mesmo que a pessoa talvez a execute imperfeitamente, do que aceitar a ocupação de uma outra pessoa e executá-la perfeitamente" (*Bhagavad Gītā*, 18: 47, citado por Prabhupāda, 1985, p. 436).

Com base nesse tipo de reinterpretação, muitos hindus fundamentam teologicamente seus distanciamentos em relação à vida aparentemente "predeterminada" pelo nascimento. Na atualidade, a divisão entre as castas na Índia já não é tão evidente quanto costumava ser séculos atrás, a ponto de que "os brâmanes podem ser homens de negócio ou produtores rurais, e sudras podem ocupar posições elevadas no governo", como lembra Klostermaier (2009, p. 6).

Além de não haver impedimentos legais, uma vez que qualquer tipo de preconceito fundamentado em diferença de casta é proibido na Índia, há cada vez menos impedimentos culturais, pois a cultura indiana, aos poucos, vem abrindo-se inclusive à mistura entre castas, antes tida como um verdadeiro desrespeito à tradição e à religião. O casamento entre castas, liberado pelo *Special Marriage Act* (*Ato especial de casamento*, em português) em 1954, tem ocorrido "com frequência crescente, especialmente nas cidades" (Jacobson, 2006, p. 66, tradução nossa).

Ainda há aqueles que, ousando questionar elementos sagrados e tradicionais, afirmam a possibilidade de pensar o hinduísmo separado do sistema de castas (Quigley, 2003), defendendo que tal sistema "não é e nunca foi um fato fixo", já que é resultado de um processo histórico, mesmo que antigo, no qual as regras foram "feitas e refeitas em vários códigos de ordem moral ao longo de centenas ou milhares de anos" (Bayly, 2001, p. 25, tradução nossa), como já indicamos anteriormente.

Nesse contexto, embora as castas estejam presentes na religiosidade dos hindus, podemos não somente reinterpretar seu significado, mas também negar sua validade ou centralidade. E, de fato, se considerarmos que "os assuntos de casta e gênero" na Índia são "apoiados por ideias religiosas e mantidos por costumes rituais", "não são simplesmente questões sociais que demandam uma resposta secular" (Knott, 1998, p. 81, tradução nossa), é possível exigir uma reconfiguração – seja por reinterpretação, seja por negação das castas no próprio hinduísmo.

No entanto, as castas permanecem como um elemento importante da identidade indiana e hindu. E, nesse sentido, são um dos principais aspectos que diferenciam o hinduísmo de outras religiões, inclusive em relação ao budismo e ao jainismo, uma vez que, embora sejam provenientes do hinduísmo, não o acompanham na defesa do sistema de castas (Stella, 1971). Ademais, o sistema de castas também parece ser uma das principais razões – se não a principal – para inúmeros hindus se converterem a outras religiões, como o budismo e o cristianismo.

Quanto ao budismo, essas conversões tiveram uma aceleração no tempo da formação do novo Estado da Índia, quando Bhimrao Ramji Ambedkar, um dos principais formadores da nova Constituição da Índia, que era de origem *dalit*, decidiu converter-se ao budismo após Mahatma Gandhi e outros líderes do movimento não terem apoiado sua ideia de eliminar o sistema de castas da nova

Índia que era formada. Ambedkar, porém, por ser um notável líder revolucionário, converteu-se ao budismo naquela ocasião e "levou junto consigo milhões de outros excluídos" (Klostermaier, 2009, p. 6), resultando na formação do chamado *movimento neobudista*, também conhecido como *movimento budista dalit*. Já que o budismo não aceita o sistema de castas como válido, nessa religião as pessoas de origem *dalit* são tidas como iguais, recebendo uma valorização que não tinham no hinduísmo.

Quanto ao cristianismo, as agências missionárias têm percebido que os *dalits* e demais excluídos e marginalizados do sistema de castas são os indianos mais abertos à mensagem do Evangelho, que lhes dá um novo sentido de vida e uma nova identidade coletiva, com a dignidade que não tinham anteriormente. Desse modo, inúmeros *dalits*, de fato, já se converteram ao cristianismo, a ponto de que, atualmente, cerca de 80% dos cristãos na Índia eram *dalits* ou vieram de tribos afastadas do hinduísmo tradicional (Ponraj, 2012), ou seja, eram marginalizados ou excluídos no hinduísmo, mas foram acolhidos como "irmãos" pelos cristãos. Afinal, o cristianismo não lhes proporciona apenas uma esperança após a morte, mas também dignidade e direitos já nesta vida.

5.5 Por um mundo mais justo

A proposta das religiões, na maioria dos casos, parece ser a de um mundo mais justo. Assim, apesar de o hinduísmo institucionalizar a diferença social com o sistema de castas, as religiões judaica, cristã, islâmica, budista e até mesmo a hindu têm lutado para que haja menor disparidade no que diz respeito à riqueza das pessoas no mundo. E, de fato, boa parte das mudanças já empreendidas quanto à justiça e aos direitos ao longo dos séculos diz respeito a empreendimentos conduzidos ou, pelo menos, influenciados pelas religiões e seus ensinamentos.

Hoje, portanto, considerando que cerca de 821 milhões de pessoas estão em situação de subalimentação no mundo – segundo relatório da Organização das Nações Unidas para a Alimentação e a Agricultura (FAO, 2018) –, fica clara a relevância das propostas religiosas sobre justiça social e sobre o compartilhamento do "pão" com quem não tem ou tem muito pouco. Nesse sentido, a ética da cultura africana ubuntu pode ensinar a pessoas de outras culturas e perspectivas religiosas uma lição valiosa a respeito de justiça: "na cosmovisão ubuntu", como lembra Chuwa (2014, p. 84, tradução nossa), "não se considera permitir ou ajudar a uma pessoa necessitada como uma questão de escolha ou caridade". Logo, "cada um é obrigado a dividir aquilo que é necessário para fazer que outro ser humano viva uma vida digna" (Chuwa, 2014, p. 84, tradução nossa). Realizar a justiça é uma responsabilidade tão grande que a recusa em se oferecer o que é básico para se viver é "uma omissão moral que faz de alguém um criminoso" (Chuwa, 2014, p. 84, tradução nossa).

Se for tomada como paradigma a cultura ubuntu, caberá a cada cristão, por exemplo, não somente assumir sua responsabilidade na luta contra a fome, mas também realizar a proposta de religião de Tiago, de cuidado de órfãos e viúvas, seguindo atitudes de vários cristãos na história, como aqueles que contribuíram na reformulação do direito das crianças no Império Romano nos séculos V e VI; o reformador Zwínglio, que transformou vários mosteiros em orfanatos na Suíça; e Ashley Cooper, cristão que lutou contra o trabalho infantil na Grã-Bretanha do século XIX (Kaiser Jr., 2015).

Assim, apesar de o cristianismo e as demais religiões terem marcado profundas mudanças na história, cabe a cada crente buscar viver sua religiosidade e espiritualidade materializando sua fé na promoção da justiça e do direito no mundo, mesmo que de modo simples e particular, com doações e compartilhamento daquilo que possui.

De fato, se considerarmos, tal como o faz Scanzoni (1973, p. 519, tradução nossa), os pobres como "uma ilha de privação em um oceano de riqueza", devemos entender que, quando não compartilhamos aquilo que temos com quem precisa, deixamos de dar de beber a outras pessoas de uma água que, além de bebê-la, estamos nela mergulhados. A pobreza não é, alegoricamente, a sede que sentimos antes de tomar da água que já temos ou que podemos comprar quando quisermos – é a sede que alguém sente quando está em um deserto, sem qualquer sinal de água à vista.

A pobreza, portanto, não é somente uma situação, mas também uma condição, que apenas quem já passou por tal situação pode entender plenamente. Toda pessoa abonada, caso queira se aproximar de quem sofre, pode buscar compreendê-la, em parte e brevemente, pelo jejum, quando realizado com consciência e propósito. Assim, mesmo que sempre existam pobres (Bíblia. João, 2013, 12: 8), podemos tirar todos eles da condição de marginalização decorrente de pobreza. E, ainda que a prática do reino de Deus e de sua justiça (Bíblia. Mateus, 2013, 6: 33) não resulte sempre em "libertação da pobreza, falta de meios e opressão", por meio do Evangelho e do amor, é possível arrancar "os pobres do autodesprezo por serem marginalizados", restituindo-lhes "a dignidade de homens e filhos de Deus" (Schillebeeckx, 1994, p. 152-153). Dividindo sua mesa, Jesus transformou a vida de pessoas que eram deixadas à margem da sociedade, e sua Igreja podia, e ainda pode, fazer o mesmo.

De modo semelhante, o judaísmo pode recorrer aos profetas do seu passado para pensar a ética contemporânea, de nosso tempo, buscando ver "como a pregação dos profetas afeta nossa vida nos dias de hoje" (Coelho Filho, 1997), como muitos estudiosos de fato têm feito (Sousa, 2017). Mesmo que a ideia de direitos humanos seja recente, podemos observar uma defesa daquilo que entendemos hoje por direitos humanos nas profecias de Amós (Burbano, 2008). Também outros profetas, como Isaías, podem servir de base a reflexão sobre problemas éticos (Barton, 1981) próprios da Antiguidade, voltados à justiça social e ao direito, e sobre questões éticas bastante precisas e importantes na contemporaneidade, tal como o consumismo (Tull, 2014) ou ainda o cuidado do meio ambiente (Marlow, 2009), que é o assunto do próximo capítulo deste livro.

Na imitação dos profetas de Israel ou mesmo de Jesus Cristo, quem quiser assumir a responsabilidade de proclamar a justiça e o direito deve lembrar que poderá receber – e muito provavelmente receberá – oposição por parte dos poderosos, que desfrutam de benefícios e acomodação advindos do sofrimento alheio. São necessárias, portanto, uma disposição ímpar e, principalmente, muita coragem. Afinal, Jesus Cristo foi levado à cruz porque sua mensagem desagradava as lideranças religiosas judaicas e as lideranças políticas romanas, e os profetas de Israel tiveram respostas bastante duras às suas palavras: "Oseias é tachado de 'louco' e 'néscio'. Jeremias, de traidor da pátria. Em outros casos vêem-se perseguidos. Elias é obrigado a fugir do rei em muitas ocasiões. Miqueias ben Jemla acaba na prisão; [...] e no caso extremo chega-se à morte" (Sicre, 2002, p. 136).

Síntese

Tratamos, neste capítulo, da justiça social e dos direitos das pessoas segundo as perspectivas das várias religiões: judaica, cristã, islâmica e hindu.

Quanto à religião judaica, apresentamos a defesa da justiça e dos direitos efetuada pelos profetas de Israel, que se opunham à monarquia e criticavam a opressão de ricos e poderosos sobre o povo humilde, indicando a justiça social como vontade de Deus.

A respeito do cristianismo, evidenciamos a reconfiguração do jejum, o qual ganha um aspecto social decorrente da crítica da profecia judaica, mas que avança para uma reformulação. Para os cristãos, devemos pedir a Deus o pão nosso de cada dia, ou seja, devemos atentar ao alimento básico, substancial, mas precisamos ter a consciência de que tal alimento é, em grande medida, coletivo, e não individual, de modo que cada um tem responsabilidade em relação às necessidades de seu próximo.

No que se refere ao islamismo, analisamos como o muçulmano deve praticar a justiça e a benevolência, imitando a Deus, e como essas práticas são tidas como formas de glorificação de Allah. Nesse sentido, a entrega de ofertas aos pobres, denominada *zakat*, chega a ser considerada um dos cinco pilares da prática islâmica e uma obrigação de todo muçulmano, por meio do qual se pode contribuir não somente com a necessidade alheia, mas também com o crescimento e o desenvolvimento econômico dos outros, favorecendo a justiça no mundo.

Sobre o hinduísmo, ressaltamos que a lógica de castas está fundamentada na ideia de que a justiça não é tanto empreendida por pessoas, mas realizada no cosmos pela própria realidade, na lógica de *karma*, ou seja, ação e reação. Os devotos podem fazer boas ações, mas não estão fazendo de fato justiça, e sim atos de bondade, diminuindo o sofrimento alheio, que, na verdade, é consequência das ações da própria pessoa que sofre.

Por fim, destacamos que, apesar das propostas das religiões sobre justiça e direito serem positivas e dignificantes, muitas vezes não são colocadas em prática como deveriam. Nesse sentido, mesmo palavras antigas, mantidas nas tradições, como a oração do Pai Nosso, os livros proféticos judaicos, o Alcorão e até mesmo o *Bhagavad Gītā*, podem servir para pensarmos eticamente questões que dizem respeito tanto à contemporaneidade quanto à justiça social e ao direito, que ainda carecem de defensores corajosos, pois sabem que poderão enfrentar oposição tal como Jesus e os profetas de Israel.

ATIVIDADES DE AUTOAVALIAÇÃO

1. A qual sistema político os profetas de Israel, começando por Samuel, parecem ter se oposto, estabelecendo uma verdadeira crítica ao longo do tempo?
   A] Teocracia.
   B] Monarquia.
   C] Ditadura.
   D] Democracia.
   E] Diarquia.

2. Que prática religiosa é criticada por Isaías e Jesus pela sua deturpação e foi repensada no texto do *Pastor de Hermas*?
   A] Sacrifício.
   B] Holocausto.
   C] Jejum.
   D] Oração.
   E] Martírio.

3. Qual o nome dado ao tributo religioso periódico concedido aos pobres e aos necessitados que, além de incentivado, é cobrado pela religião islâmica?
   A] *Jihad*.
   B] *Zakat*.
   C] *Hadith*.
   D] *Basmallah*.
   E] *Teshuvah*.

4. Como se chamam aqueles que, por não serem parte de nenhuma das quatro castas hindus, são excluídos desse sistema e considerados impuros e intocáveis por "contaminar" os outros com qualquer toque físico?

A] *Brâmanes.*
B] *Xátrias.*
C] *Sudras.*
D] *Dalits.*
E] *Vaixás.*

5. Qual o nome do profeta boiadeiro que criticou ricos e poderosos chamando-os de *vacas de Basã* por viverem em comilança e bebedice, em contraste com a miséria e a fome dos pobres?
  A] Amós.
  B] Jeremias.
  C] Isaías.
  D] Naum.
  E] Habacuque.

Atividades de aprendizagem

Questões para reflexão

1. Apesar de o Brasil não ter a divisão de castas como na Índia, há também uma segregação de determinadas pessoas no território brasileiro, as quais são, muitas vezes, vistas com preconceito. Qual seu ponto de vista sobre o tema? Reflita comparando as duas realidades.

2. Quais os principais textos das tradições religiosas a respeito da justiça social? Reflita sobre as similaridades e as diferenças entre eles.

Atividades aplicadas: prática

1. Tendo em vista a profunda e conhecida corrupção na política brasileira, quando lemos a expressão *vinho de tributos*, de Amós, logo pensamos no lucro que algumas pessoas, em Brasília, parecem ter em detrimento do sofrimento de muitos pelo Brasil afora. E, considerando a generalização do consumismo atual,

poucos parecem escapar da designação de *vacas de Basã*, em virtude tanto do consumo de alimentos quanto de outros tipos de produtos. Na sua casa, verifique aquilo que você possui e não necessita de fato. Faça uma seleção e doe o que for superficial a quem realmente precisa. Tal doação pode ser de alimentos, roupas, brinquedos etc.

2. A respeito do jejum, aplique pelo menos uma das seguintes ações:
   A) Deixe de comer um dia em que comeria fora e ofereça o valor que gastaria para alguém em situação de necessidade.
   B) No dia em que comeria fora, em vez de comer ofereça o prato a alguém em situação de necessidade.
   C) Identifique alguém que tem certa condição de necessidade (maior necessidade financeira que a sua) e o convide para comer com você, escolhendo para ambos a mesma coisa e pagando ao outro o alimento.

3. Faça uma árvore genealógica de sua família (incluindo filhos e netos se tiver). Indique nome, escolaridade e profissão de cada pessoa. Verifique, então, as semelhanças e as diferenças entre as gerações. Em seguida, reflita sobre o que o direcionou para a profissão que você escolheu e como seria se você tivesse nascido no sistema de castas indiano, com uma vida "predeterminada", inclusive no que diz respeito à profissão.

NATUREZA E
MEIO AMBIENTE

Muitas vezes, não percebemos o que realmente é o meio ambiente. Quando pensamos no que seria, logo nos vem à mente, como lembra Jamieson (2008), o refúgio de vida selvagem do ártico, a grande barreira de corais na Austrália e outros lugares nos quais a natureza está ameaçada e com que estamos preocupados em proteger. Talvez, por sermos brasileiros, pensemos nos terríveis desastres de Mariana e Brumadinho. No entanto, o meio ambiente é mais do que esses lugares especiais e casos de desastre: inclui também lugares próprios da realidade humana e de nossa vida cotidiana, como a cidade maravilhosa do Rio de Janeiro, a superpopulosa São Paulo, o cenário industrial da Grande Curitiba e tantos outros espaços formados e construídos pelo ser humano, os quais, por mais distantes que possam parecer da natureza, fazem parte de nosso meio ambiente, ou seja, do local no qual nos inserimos como seres humanos e, inclusive, como seres vivos. Assim, quando falamos em uma crise ecológica, devemos considerar, além da destruição dos espaços naturais, o modo como os espaços urbanos foram e têm sido construídos. Mas que crise ecológica é essa?

Quando abrimos o jornal, ligamos a TV ou navegamos na internet, facilmente nos deparamos com índices e informações drásticas a respeito de nossa situação ambiental. Não há, hoje, como negar que estamos vivendo uma profunda crise ecológica. Atualmente, cerca de dez mil espécies desaparecem por ano em razão de atividades humanas (Northcott, 2005). Portanto, aproximadamente dez mil tipos de seres vivos diferentes são extintos e simplesmente deixam de existir a cada ano em decorrência da ação humana. Ademais, a ação do homem parece ter resultado em uma poluição generalizada, que tem afetado oceanos, rios e ecossistemas inteiros. Nesse contexto, não podemos deixar de citar o aquecimento global, percebido não somente pelos cientistas, mas também pela população humana, que vem sofrendo as consequências dessa alteração térmica, que provoca desastres naturais catastróficos cada vez mais intensos. No entanto, de quem é a culpa por tal crise ecológica?

O historiador Lynn White (citado por LeVasseur; Peterson, 2016), em artigo de 1967 na revista Science, aponta que, entre fatores culturais e ideológicos, o principal culpado pela crise ecológica foi o fator religioso. Logo, apesar de conhecer bem os avanços tecnológicos ao longo da história (por ser um especialista em história da tecnologia), assim como outros fatores da degradação ambiental (como a superpopulação etc.), o historiador destaca que é a religião a principal responsável pelo problema ecológico criado nos últimos tempos (LeVasseur; Peterson, 2016).

Entre as religiões, segundo White, podemos destacar o cristianismo, que criou e permitiu atitudes ambientais destrutivas. Nesse sentido, entre as religiões, o principal culpado pela situação ambiental drástica que enfrentamos hoje seria o cristianismo. Para esse autor, a perspectiva enraizada no cristianismo que distingue o ser humano e o restante da criação hierarquicamente, entre o ser racional e superior, que é o ser humano, e os seres irracionais e "sem alma", que são os demais seres vivos, acaba por criar uma abertura ao desprezo e ao descuido ambiental (LeVasseur; Peterson, 2016). Mas será que, de fato, as religiões e, em especial, o cristianismo são um problema para a valorização da natureza e do meio ambiente?

Conforme o próprio White, as religiões não são somente um problema: são, também, a solução. Assim como as principais causas da crise ecológica são religiosas, é justamente na religião que estará a solução para esta. Apenas a religião tem o poder para mudar o rumo que a civilização ocidental está tomando (Northcott, 2005). Portanto, o que as religiões têm a oferecer no que diz respeito à natureza e ao meio ambiente é importante e, mais ainda, essencial de ser conhecido e reconhecido no nosso contexto de crise ambiental.

6.1 A criação na tradição judaica

A tradição judaica carrega um extremo respeito pela natureza e pelo meio ambiente, que, muitas vezes, parece ter sido esquecido não apenas por judeus, mas também por cristãos, que herdam essa tradição. Na Bíblia hebraica, fica claro que a natureza, por ser criação de Deus, é sua posse. É nesse sentido que afirma o salmista: "Do Senhor é a terra e tudo o que nela existe, o mundo e os que nele vivem" (Bíblia. Salmos, 2014, 24: 1). Assim, não somente os animais, que vivem no mundo, mas também o próprio mundo em sua unidade, como meio ambiente, são posses de Deus, que o criou e se alegrou com sua criação, vendo que fez algo muito bom (Bíblia. Gênesis, 2013, 1: 31). Não é, portanto, uma posse qualquer – é um bem valioso, uma criação estimada, que alegra ao criador.

Baseado nessa percepção, como lembra Glasman (2010, p. 289), "o judaísmo ensina o respeito à natureza como criação de D'us". Logo, cabe a cada judeu saber que deve valorizar e respeitar a natureza, obra da criação de Deus, o que fica claro por uma das *agadot*, ou *lendas*, do Talmude de Jerusalém: "Criado o primeiro homem, levou-o a D'us a passear entre as árvores e disse: Observa as obras que criei, vê como são belas! Procura não destruir o mundo que fiz. Pois se vieres a estragar algo, não haverá quem conserte" (Glasman, 2010, p. 290). Tal dever, porém, torna-se ainda mais evidente quando, nessa perspectiva, percebemos que o ser humano passa a ser o procurador de Deus na terra, de modo que "o homem, por causa do seu grande poder sobre o meio ambiente, tem a responsabilidade de tratá-lo com respeito" (Glasman, 2010, p. 289).

Assim, quando Deus abençoa o ser humano e lhe dá domínio sobre a criação (Bíblia. Gênesis, 2013, 1: 26-28), mais do que poder sobre a natureza, está lhe dando uma **responsabilidade** para com a natureza e o meio ambiente. Até porque a terra, como deixa claro o texto de Salmo 24: 1, ainda é do Senhor, e não do ser humano. Deus, portanto, não deu a terra ao ser humano, mas a confiou aos seus cuidados: "Os mais altos céus pertencem ao Senhor, mas a terra ele a confiou ao homem" (Bíblia. Salmos, 2014, 115: 16). Nós, como seres humanos, somos seus procuradores, aqueles que foram deixados na terra a fim de cuidá-la. Fomos feitos por Deus para sermos seus parceiros na criação, mantendo-a (Glasman, 2010). Ser imagem e semelhança, portanto, pode até dizer respeito ao ser humano como estátua e representação de Deus, mas parece significar, mais ainda, a humanidade como Sua representante no mundo (Reiss, 2011).

Esse cuidado é, na perspectiva judaica, cobrado por Deus aos próprios judeus com leis específicas, que tratam da preservação da natureza. É, por exemplo, o caso da lei de Deuteronômio a respeito das situações de cerco, segundo a qual, quando o povo judeu sitiasse uma cidade, não poderia derrubar as árvores frutíferas que estivessem ao redor da cidade: "Quando sitiarem uma cidade por um longo período, lutando contra ela para conquistá-la, não destruam as árvores dessa cidade a golpes de machado, pois vocês poderão comer as suas frutas. Não as derrubem. Por acaso as árvores são gente, para que vocês as sitiem?" (Bíblia. Deuteronômio, 2014, 20: 19).

Fica claro aqui que, em caso de luta entre pessoas, tal disputa não deve resultar em uma destruição desnecessária da natureza: "Por acaso as árvores são gente, para que vocês as sitiem?", como cita o trecho anterior de Deuteronômio. Logo, em lutas entre seres humanos, as árvores devem ser preservadas, mas essa restrição não existe com relação às árvores não frutíferas: "Entretanto, poderão derrubar as árvores que vocês sabem que não são frutíferas, para utilizá-las em obras que ajudem o cerco, até que caia a cidade que está em guerra contra vocês" (Bíblia. Deuteronômio, 2014, 20: 20). Mas por que somente as árvores frutíferas devem ser preservadas? As demais árvores podem ter utilidade ao ser derrubadas, e as árvores frutíferas perdem o propósito se isso acontecer. Portanto, o que se proíbe não é o uso da natureza, mas a destruição desnecessária, injustificada. O domínio sobre a natureza envolve, em certa medida, o poder humano e sua capacidade de transformação da natureza em benefício próprio. Sob esse processo, a natureza pode ser aproveitada, mas nunca desrespeitada.

É por isso que as pessoas, os animais e a própria terra fazem parte da ordenança de Deus a respeito do descanso sabático: além dos animais participarem, com seus donos humanos, do *Shabat*, do sábado de descanso, também a terra deveria, segundo as leis judaicas, ter um período de um ano de descanso a cada sete anos, não devendo ser cultivada (Bíblia. Levítico, 2013, 25: 3ss).

Quanto aos animais, a ética judaica desenvolveu-se de forma mais clara, especialmente por meio do princípio judaico de *Tzar Baalei Haim*, que quer dizer *sofrimento dos seres vivos*, para o qual nenhum judeu deve causar sofrimento desnecessário a um animal. O sofrimento a que a expressão se refere é aquele "que não favorece algum bem legítimo à humanidade" (Gross, 2013, p. 428, tradução nossa), ou seja, que é desnecessário. Podemos pensar, porém, o *Tzar Baalei Haim* como o dever de não fazer mal aos animais e, também, de ter compaixão com relação a estes, como fica claro em uma lei bastante curiosa: "Se você vir o jumento de alguém que o odeia caído sob o peso de sua carga, não o abandone, procure ajudá-lo" (Bíblia. Êxodo, 2014, 23: 5).

Nesse sentido, muitos judeus percebem na própria religião judaica as bases não somente para a defesa dos direitos dos animais na contestação do uso de animais em experimentos (Bleich, 2001a), mas também constatam nessa tradição a fundamentação necessária para afirmar o vegetarianismo como proposta alimentar (Bleich, 2001b). Seja como for, é particularmente interessante a ordem divina para que não se ate a boca do boi enquanto debulha (Bíblia. Deuteronômio, 2013, 25: 4), a qual é ainda ampliada pelo judaísmo rabínico para que o boi também tenha o direito de colocar suas patas na água a fim de se aliviar do calor intenso causado pela fricção em seu trabalho (Rao, 2011). Dessa forma, mesmo que nem todo judeu tenha aderido ao vegetarianismo, é evidente que essa religião contribuiu, em seu contexto histórico, para a defesa dos direitos dos animais já na Antiguidade.

Logo, o domínio humano sobre os animais e a natureza não deve ser algo destrutivo, mas construtivo: os animais, por exemplo, devem servir ao ser humano "para o trabalho, como alimento ou como auxiliares", como aponta Wolff (2007, p. 247), mas sempre de forma responsável, e não autocrática. Devem ser usados com consciência e cuidado. Afinal, é justamente como dominador que o ser humano se faz imagem de Deus, ou seja, ao praticar o domínio de Deus como Seu administrador, valendo-se da natureza de forma responsável e cuidadosa.

Nessa perspectiva, a natureza e o meio ambiente são percebidos na religião judaica como uma criação que, além de ser o "mundo do ser humano" (Wolff, 2007, p. 245), é o meio pelo qual o ser humano afirma sua semelhança com o criador. Como lar do ser humano, a criação deve ser respeitada e preservada, na consciência de sua importância para o próprio ser humano. Desse modo, "a sujeição do mundo não deve trazer perigo ao ser humano" (Wolff, 2007, p. 253). Contudo, como expressão de semelhança com o criador, o cuidado com relação à natureza passa a ser responsabilidade não de um ou outro ser humano, mas de todos, em conjunto.

No relato da criação do ser humano em Gênesis 1: 26, a tradução *homem* pode levar a um equívoco: o texto não fala somente de Adão, homem, mas também de Eva, mulher, como fica claro no verso 27 ("homem e mulher os criou"). No entanto, no verso 26, o uso do plural na expressão *dominem* deixa claro que a tarefa de domínio sobre a natureza não foi dada somente a Adão, nem a Adão e Eva, mas a toda a humanidade. É uma tarefa que deve ser entendida coletivamente (Wolff, 2007) e pela qual todo ser humano pode assemelhar-se a Deus, seu criador.

Assim, não somente "o caráter peculiar do ser humano na criação deve ser entendido a partir de sua relação especial com Deus" (Wolff, 2007, p. 245), mas também, inversamente, sua relação com Deus deve ser entendida, em grande medida, a partir de sua consciência e de seu cuidado com relação à natureza, ou seja, pela sua atitude ética para com a criação: "Quando o ser humano entra em relação com as coisas do mundo, seja em suas tarefas de cada dia, seja em sua refeição ou em suas descobertas, objetivamente ele também entra sempre em relação com Deus como seu criador que lhe confiou as coisas" (Wolff, 2007, p. 247).

Desse modo, a visão judaica carrega consigo tanto a ideia de poder do ser humano sobre os animais e sobre a natureza quanto de uma responsabilidade ambiental imensa. O ser humano, quando nomeia os vários animais, estabelece seu poder sobre eles – pois, na visão judaica, saber o nome das coisas é, de certo modo, possuí-las (Boff, 1973) – e aceita o chamado de "ser imagem e semelhança de Deus enquanto ele, como Deus, cria e organiza a terra" (Boff, 1973, p. 37).

6.2 Novo céu e nova terra

Certamente, a fim de se distanciar e até mesmo de responder à crítica de White ao cristianismo, os cristãos devem, em grande medida, "voltar às origens semitas da compreensão bíblica da criação", como indicou Junges (2009, p. 368), as quais valorizam os animais como verdadeiros parceiros de ajuda e de sorte e que fazem do próprio ser humano alguém que é convidado a ocupar a terra para seu sustento, mas que ao mesmo tempo deve cuidar tanto dos animais quanto da própria terra.

Apesar disso, diferentemente da perspectiva judaica sobre a criação, a concepção cristã sobre a natureza e o meio ambiente não remete o crente tanto ao passado, mas mais ao futuro: a visão cristã a respeito da natureza se verifica na vocação humana de cuidado da criação e, principalmente, na vocação escatológica do "Novo Céu e nova Terra" (Bíblia. Apocalipse, 2014, 21: 1) anunciados e esperados. Como afirma Boff (1972, p. 225), "não nos podemos mais contentar em analisar o mundo a partir da criação [...], mas devemos compreendê-lo a partir da escatologia, do futuro presente em Jesus ressuscitado". É a expectativa com relação ao futuro, portanto, que pauta de forma especial o modo como os cristãos lidaram e ainda lidam com a natureza, assim como o modo pelo qual estabelecem sua ética ambiental.

A volta de Jesus Cristo é a esperança do cristão e, também, a esperança da própria natureza. Afinal, é em Jesus Cristo que foram convergidas "todas as coisas, celestiais ou terrenas, na dispensação da plenitude dos tempos" (Bíblia. Efésios, 2014, 1: 10). Nessa perspectiva, toda a criação alcançou renovo mediante o sacrifício redentor de Jesus Cristo, que reconciliou "consigo todas as coisas, tanto as que estão na terra quanto as que estão no céu, estabelecendo a paz pelo seu sangue derramado na cruz" (Bíblia. Colossenses, 2014, 1: 20). É desse ponto de vista que Moltmann (2005, p. 36) assevera que "a cruz é a esperança da terra".

Logo, a afirmação de Jesus na Grande Comissão *Todo poder foi me dado no céu e sobre a terra* (Bíblia. Mateus, 2013, 28: 18) pode ser entendida como uma nova interpretação de Gênesis 1: 28, a qual é não somente inteiramente nova, mas também, como destacado por Wolff (2007), escatológica. Jesus Cristo, assim, tem autoridade e poder sobre todas as coisas e redireciona tudo para o renovo mediante sua obra futura: "Novo Céu e nova Terra" (Bíblia. Apocalipse, 2014, 21: 1).

Como bem enfatiza Wolff (2007, p. 253): "Deve-se notar que, na forma de domínio do Crucificado, a administração do mundo confiada ao ser humano é libertada de sua autodestruição e a imagem de Deus torna a aparecer em sua liberdade". Por meio de tal promessa aguardada, a criação sai de um *status* de destruição e é inserida na liberdade da promessa, estando também em situação de espera escatológica e, consequentemente, de expectativa:

> A natureza criada aguarda, com grande expectativa, que os filhos de Deus sejam revelados. Pois ela foi submetida à futilidade, não pela sua própria escolha, mas por causa da vontade daquele que a sujeitou, na esperança de que a própria natureza criada será libertada da escravidão da decadência em que se encontra para a gloriosa liberdade dos filhos de Deus. Sabemos que toda a natureza criada geme até agora, como em dores de parto. (Bíblia. Romanos, 2013, 8: 19-22)

Esse texto, que mistura em medidas semelhantes uma ambição escatológica e uma ambivalência apocalíptica, deixa claro que, em razão do pecado, a criação, inclusive a natureza, veio a cair em futilidade, ou seja, está destinada ao precipício da catástrofe

(Mathewes, 2010) e à autodestruição (Wolff, 2007). Pela obra redentora de Jesus, inaugurada pela ressurreição, mas que será completa na segunda vinda de Jesus, a criação recebe uma nova perspectiva, de redenção para os cristãos.

Nesse sentido, Jesus Cristo é também considerado uma espécie de novo Adão por representar um renovo na imagem divina expressa pelo ser humano, restaurando a relação entre a humanidade e a natureza, perdida com o pecado, assim como reconstruindo, de forma completa, a paz e a fertilidade originais, anteriores à queda (Northcott, 2005). Por meio de Jesus Cristo, é instaurado o reino de Deus, o qual tira não somente a humanidade, mas também toda a criação do poder do pecado e da morte e os coloca sob o poder de Deus e Seu reino. Desse modo, a criação é percebida como promessa do reino e, inversamente, a própria meta da criação torna-se escatológica (Oliveira, 2007).

Diante de Deus Pai, criador de todas as coisas, e Jesus Cristo, restaurador de todas as coisas, estabelece-se uma **irmandade** entre o ser humano e os elementos da natureza, que é expressa de forma especial em um hino de louvor às criaturas feito por São Francisco de Assis (1182-1226), fundador da Ordem Franciscana:

> Quero cantar louvores ao Senhor por suas criaturas / louvado sejas, meu Senhor, por todas as tuas criaturas / que no céu formaste / por nossa irmã e mãe Terra... pela irmã água, a qual é muito útil e preciosa e casta / louvai e bendizei a meu Senhor e rendei-lhe graças / por nossa irmã e mãe Terra, que nos alimenta e governa e produz variados frutos e coloridas flores e ervas / louvado sejas, meu Senhor, pelo Irmão Sol / pela irmã Lua e as estrelas / louvado sejas, meu Senhor, por todas as tuas criaturas / louvado sejas, meu Senhor, por todos aqueles que perdoam pelo teu amor. (São Francisco de Assis, citado por Strabeli, 1993, p. 19)

No entanto, se a preocupação ecológica de São Francisco de Assis é bem conhecida, podemos ainda indicar, a título de complementação, o hino semelhante que Santo Agostinho, o grande teólogo da Antiguidade, fez sobre a natureza:

> Os dragões da terra e todos os abismos, o fogo, o granizo, a neve, a geada, o vento das tempestades que executam as Vossas ordens; os montes e todas as colinas; as árvores frutíferas e todos os cedros; os répteis e as aves que voam; os reis da terra e todos os povos; os príncipes e todos os juízes da terra; os jovens e as donzelas, os velhos e os mais novos louvam o Vosso nome. (Santo Agostinho, 1988, p. 156)

Esses exemplos de Santo Agostinho e de São Francisco de Assis são apenas dois entre vários casos possíveis de ser citados, os quais indicam que, ao longo do período patrístico e medieval, existiram concepções cristãs que serviram como fundamentos teológicos para uma ética ambiental pela qual era valorizada a bondade da criação, reverenciada a sacralidade do Universo, respeitada a adoração da criação pelo criador, reconhecida a irmandade para com os outros seres vivos, utilizada a natureza com respeito e, inclusive, percebida a necessidade de uma ideia de comunidade terrestre (Schaefer, 2009).

6.3 A preocupação ambiental do Islã

Tal como no judaísmo e no cristianismo, o islamismo prega que todas as coisas foram criadas por Deus. Allah é o criador de tudo que existe, e é obra sua o ser humano, os animais e tudo que existe. Além de criador, Allah é o sustentador de todas as coisas, até a si mesmo, subsistindo por si mesmo: "Allah, não existe deus senão Ele, O Vivente, Aquele que subsiste por Si mesmo" (Alcorão. 1425 [AH], 5: 32).

Também, de modo semelhante ao judaísmo, o ser humano tem papel especial no mundo. No caso do Islã, o ser humano é tido como califa (Alcorão. 1425 [AH], 2: 30), ou seja, "vice-regente de Allah na terra" (Maçaneiro, 2009, p. 324). Seu poder, porém, deve ser comedido, uma vez que prestará contas de todas suas obras no juízo divino. Por essa razão, é dito que os servos de Allah "pisam a terra com humildade" (Alcorão. 1425 [AH], 25: 63), isto é, agem de forma consciente em relação ao próximo e ao mundo, reconhecendo as dádivas do criador (Alcorão. 1425 [AH], 36: 33-36), evitando o desperdício, praticando a generosidade (Alcorão. 1425 [AH], 17: 26-29) e, inclusive, respeitando o ritmo da natureza (Alcorão. 1425 [AH], 16: 65-69; 35: 27-29).

Essas virtudes, como indica Maçaneiro (2009, p. 326), "são de fato 'ecológicas' pois se referem [...] ao uso sensato dos bens [e também] ao tratamento das águas e da terra [e, principalmente,] à manutenção dos recursos naturais", não somente pela gratidão pelos víveres, mas também pela "moderação no comer e no beber, evitando excessos e desperdícios, numa atitude de gratidão e responsabilidade pela criação e pelos semelhantes". Contudo, as lições do Alcorão a respeito da natureza e do meio ambiente vão muito além dessas virtudes.

Khalid (2002), por exemplo, propõe uma simplificação da lição ambiental do Islã que é bastante interessante. Esse autor, pesquisador da Islamic Foundation for Ecology and Environmental Sciences, de Birmingham, foi também bem resumido por Maçaneiro (2009), no que se refere aos quatro princípios corânicos para a sustentabilidade da vida planetária apontados por Khalid, a saber:

TAWHID, O PRINCÍPIO DA UNIDADE

Segundo o Islã, há uma unidade entre todos os seres vivos e todas as coisas criadas. Isso pode ser percebido não somente pelo fato de que todas as coisas têm a mesma origem, em Allah, mas também no fato de que, no começo, a própria criação surgiu em uma unidade, na qual "os céus e a terra eram um todo compacto" (Alcorão. 1425[AH], 21: 30), e que foi dividida. Todos os seres, portanto, visto que têm uma origem comum, estão de certo modo conectados entre si, em unidade.

FITRA, O PRINCÍPIO DA CRIAÇÃO

Allah, na visão islâmica, não é o autor do mal, mas do bem e de todas as coisas criadas que, em origem, são boas. Na criação, tudo é bom e, de certo modo, reflete as qualidades do próprio criador. Como diz o texto do Alcorão: "E, dentre Seus sinais, está a criação dos céus e da terra, e a variedade de vossas línguas e de vossas cores" (Alcorão. 1425 [AH], 30: 22). Portanto, a diversidade de línguas e cores dos seres humanos e da própria natureza são sinais da criação e, por consequência, de Allah. Afinal, foi por sua natureza que "Ele criou os homens" e, apesar da biodiversidade, "não há alteração na criação de Allah" (Alcorão. 1425[AH], 30: 30).

MIZAN, O PRINCÍPIO DA BALANÇA

"O Misericordioso. Ensinou o Alcorão. Criou o ser humano, ensinou-o a expressar-se. O sol e a lua movem-se com cômputo. E a grama e as árvores prosternam-se. E o céu, Ele o elevou; e estabeleceu a balança, para que, na balança, não cometais transgressão: E, assim, cumpri o peso com equidade, e não defraudeis na balança" (Alcorão. 1425 [AH], 55: 1-9). Isso significa que todo o Universo existe em um equilíbrio delicado, por isso é responsabilidade da humanidade mantê-lo e não o quebrar, uma vez que a interferência do homem na natureza pode manter ou destruir tal equilíbrio, representado e simbolizado pela balança.

CALIFA, O PRINCÍPIO DA RESPONSABILIDADE

"E Ele é Quem vos fez sucessores [califas], na terra" (Alcorão. 1425[AH], 6: 165). O "califado" humano na Terra é, portanto, a qualificação da responsabilidade do homem em cuidar da natureza e prezar por ela de acordo com a vontade de Allah, agindo com critérios, decisões e práticas conforme a vontade divina, ou seja, que sejam coerentes com uma ética propriamente muçulmana.

De modo semelhante, Maçaneiro (2009) indica outro resumo da lição islâmica a respeito da relação da humanidade com a natureza e o meio ambiente, feito por Hamdy (2000). Esse resumo propõe três perspectivas, relacionadas a passagens do Alcorão, as quais são:

1. "Nisso tudo há sinais para um povo que raciocina" (Alcorão. 1425 [AH], 2: 164)

A visão da criação permite ao crente perceber os sinais que expressam e refletem a essência divina. Como bem destaca Maçaneiro (2014b, p. 188), "apelo à razoabilidade e à interpretação dos 'sinais' (*ayat*) motiva a inteligência humana a discernir as dádivas que Allah dispensou na Criação". Na cultura árabe, a fé não é tanto uma reflexão racional, mas antes "uma constatação evidente e comunitariamente vinculante da presença de Deus na vida" (Maçaneiro, 2014b, p. 188), na qual a criação exerce um papel fundamental.

2. "Criamos todos os seres vivos a partir da água" (Alcorão. 1425 [AH], 21: 30)

Todas as coisas são criadas, segundo a teologia islâmica, por meio da palavra divina, tal como na tradição judaico-cristã. No entanto, para aos muçulmanos, os seres vivos foram feitos de um elemento específico da criação, que é a água. A água é, portanto, na tradição muçulmana, a origem da vida. Desse modo, o cuidado com relação à escassez dos recursos hídricos se faz particularmente importante para quem professa a fé muçulmana: desperdiçar água é, nessa perspectiva, desperdiçar a fonte de vida. Por essa razão, tal ponto de vista pode muito bem, como esclarece Maçaneiro (2009, p. 329), valorizar "a preservação de fontes e aquíferos, o combate à poluição e o uso sóbrio da água".

3. "Se conhecêsseis a Ciência certa, logo renunciaríeis à ostentação" (Alcorão. 1425 [AH], 102: 5)

A ostentação, ou seja, o excesso, está em contraste com a moderança e a sustentabilidade. Desse modo, o ser humano acaba deturpando, administrando mal e dissolvendo seus bens, o que resulta na injustiça e na miséria.

Mas quais as implicações desses princípios e dessas perspectivas próprias do islamismo na vida de um muçulmano? Ou, qual é, de fato, a preocupação ambiental do Islã, para além desses elementos teológicos?

Saleha Mahmood Abedin, importante representante muçulmana pelos direitos das minorias, destacou que "a manutenção de um ambiente limpo é o dever cívico fundamental dos crentes que devem contribuir para o controle da poluição e para um ambiente mais saudável" (Abedin, citada por Mische; Merkling, 2001, p. 325). Nesse sentido, a preocupação muçulmana reside na natureza, e, em grande medida, no sentido amplo de *meio ambiente*, preocupando-se com o cuidado do ser humano de seu "lar", seja este o mundo, seja um país, seja uma cidade, seja sua casa. Em todos esses níveis, cabe ao muçulmano prezar pela manutenção de um ambiente limpo.

De modo prático, também podemos imitar o próprio profeta Muhammad, que, segundo Abedin, "encorajou a plantação de árvores, a preservação e conservação de recursos, o uso cuidadoso da água e de outros recursos ambientais, e a segurança no ambiente" (Abedin, citada por Mische; Merkling, 2001, p. 325). Tais atitudes serão realizadas quando o crente entender que, para além do ser humano, Allah também criou outras comunidades de seres, com as quais o criador também se preocupa e se importa, uma vez que todas as espécies e as respectivas comunidades existem para glorificar a Deus (Mathewes, 2010). Nada mais justo, portanto, diante do criador, do que cada pessoa buscar respeitar a criação divina pelo cuidado da natureza, começando pelo seu próprio meio ambiente próximo, plantando árvores, cuidando da água – que é fonte de vida – e promovendo a segurança naquele espaço, a fim de contribuir, mesmo que em parte, com o todo.

6.4 *Ahimsa* e o respeito pela vida

Se, pelas suas semelhanças e conexão, as três religiões abraâmicas – o judaísmo, o cristianismo e o islamismo – caminham no sentido de embasar a relação do ser humano com a natureza, as religiões indianas – o hinduísmo, o budismo e o jainismo – seguem outro completamente diferente. Afinal, trata-se de outra tradição religiosa que, tal como as religiões abraâmicas, apresenta também certa unidade, expressa no conceito de *ahimsa*, presente tanto no hinduísmo quanto no budismo e no jainismo. Mas o que é *ahimsa*?

A palavra *ahimsa* provém do sânscrito e significa *não injúria* ou *não violência*; é um princípio religioso de caráter ético que consiste em não se cometer atos de violência contra outros seres vivos. Inicialmente, parece ter sido uma proposta ascética, restrita a monges e pessoas específicas, porém, com o tempo, o *ahimsa* acabou sendo incorporado como um ideal, e o vegetarianismo resultante tornou-se também uma prática da maioria dos hindus (Sullivan, 1997). No entanto, como entendemos a *ahimsa* em cada uma das religiões indianas?

Hoje, *ahimsa* é a primeira das virtudes hindus (Klostermaier, 2003). É um elemento fundamental no budismo e aparece da forma mais específica e desenvolvida no jainismo, que o aplica com relação não apenas a animais, mas também a determinadas plantas que, conforme acreditam, têm alma (Jones; Ryan, 2007) e cuja morte resulta em consequências ruins a quem comete tal ação.

Para os budistas, o *ahimsa* pode ser compreendido por meio de níveis: é pior matar um humano do que um animal, assim como é pior matar um animal maior e mais substancial do que um animal menor (Harvey, 2000). Entre os animais, seria particularmente terrível matar um elefante, que, além de grande, é nobre, e também uma vaca, que, além de grande, é provedora de leite para a humanidade. Em razão dessa hierarquia, o código monástico prevê uma punição de expiação a alguém que mate um animal, mas impõe o banimento a um monge que venha a matar outro ser humano. Nem por isso os animais são depreciados: pelo contrário, fazer mal a um animal é uma ofensa, mesmo quando tal violência é resultado de se derramar água no chão (Harvey, 2000).

Na tradição legislativa hindu, o sacrifício aparece como exceção na morte de animais. O sacrifício de animais era o elemento central da religião hindu no tempo dos *Vedas*, muito antes de a prática do vegetarianismo ter sido incorporada pelos hindus. Assim, apesar de haver hinos à vaca nos *Vedas* – por esta ser tida como o animal que supre o que é necessário para o sustento da vida –, existem também referências ao sacrifício e ao consumo de gado como parte de festas cerimoniais.

Logo, a proibição do consumo da carne de vaca deve ser vista como uma definição posterior, que data provavelmente por volta do ano 1.000 d.C. (Harris, 1978), como consequência do próprio desenvolvimento do *ahimsa*, a não violência, que passou a designar a ideia de que não devemos praticar qualquer mal contra qualquer ser vivo, em virtude da compreensão da unidade da vida. Então, por volta do ano 1.000 d.C., já havia sido proibido o consumo de carne, como fica registrado pelo depoimento de Abū Rayḥān Al-Biruni (973 d.C.-1050 d.C.), um viajante persa que visitou a Índia e registrou tal proibição (Westcoat Jr., 1997, p. 104).

Segundo alguns textos legislativos hindus, é permitida a morte de animais para a realização do sacrifício, bem como para que seja prestado o devido respeito aos ancestrais e aos deuses (pelo sacrifício) e, ainda, a alguma visita ilustre. Conforme tais textos, a morte de um animal por conta de um sacrifício não era considerada uma morte propriamente dita, mas, em casos de visitas importantes, como de um brâmane ou xátria, uma forma de recebê-las, com a morte e o cozimento de um animal para consumo, fosse um boi, fosse um bode, em sinal de hospitalidade (Olivelle, 2018).

Em outro extremo está o jainismo, que, além de não ter exceções, parece ser a forma mais extrema e radical de prática do *ahimsa*: inclui em sua não violência algumas plantas, como já mencionamos, e não ingerem carne de forma alguma. Os jainistas recomendam a seus monges o uso de máscaras especiais, a fim de que evitem que sua respiração possa absorver e matar algum inseto ou outro animal imperceptível aos olhos humanos (Jones; Ryan, 2007).

Nessas três religiões, o princípio do *ahimsa* tem como fundamento a mesma ideia: o respeito pela vida. Essas religiões, portanto, acabam abraçando o conceito de *ahimsa* porque, para elas, a vida tem valor sagrado, e cada ser vivo é importante e tem valor tal que sua vida não deve ser tirada de forma frívola. Desse modo, o vegetarianismo é apenas uma entre inúmeras práticas éticas que o princípio do *ahimsa* pode gerar na relação da humanidade com a natureza, que vão desde com as plantas como seres vivos até o cuidado com o meio ambiente como um todo, a morada e o lar de inúmeras espécies de seres vivos e, portanto, um lugar sagrado.

6.5 A prática ecológica das religiões

Tão importante quanto a teologia ecológica das várias religiões é a prática ética de seus integrantes. Logo, não basta analisar os fundamentos que cada perspectiva religiosa dá à valorização da natureza e do meio ambiente – também é necessário entender as implicações e as distâncias dessas concepções com as práticas realizadas pelos religiosos na história ou, de forma ainda mais particular, no dia a dia de cada um.

Cabe, portanto, a verificação de até que ponto as religiões têm, de fato, contribuído na ecologia como ética e como prática, a qual se constitui "um amplo movimento, no qual fazem parte cidadãos comuns, ambientalistas, ONGs, grupos religiosos, pesquisadores e empreendedores" (Murad, 2008). Esse movimento não precisa limitar-se a programas da ONU ou a famosas conferências internacionais, também pode incluir, em grande medida, um trabalho de conscientização, nos quais as religiões poderiam ter maior participação. É nesse sentido que Campos (2008, p. 45) faz sua crítica, avisando que "só pela educação ampla, integrando escola e sociedade", para além de "uma legislação que cumpra sua obrigação de coibir os crimes ambientais, de forma enérgica e justa", poderemos caminhar em direção a uma estética do consumo que leve em conta a necessidade de sustentabilidade.

Nesse sentido, a iniciativa da ONU para o meio ambiente chamada *Fé pela terra*, cujo *slogan* é "Um planeta, várias religiões, um objetivo", tem buscado promover a relação de amistosidade entre as religiões e a divulgação de perspectivas religiosas que, no ponto de vista da ONU, valorizam o meio ambiente. É o caso, por exemplo, da encíclica *Laudato Si'*, do Papa Francisco, que foi bem recebida e é, inclusive, comemorada pela ONU em razão da relevância dada, no documento, ao cuidado com o meio ambiente. É uma encíclica escrita pelo Papa não somente a seus fiéis, mas "a cada pessoa que habita neste planeta" (parágrafo 3º), explicitando inclusive que "noutras Igrejas e Comunidades cristãs – bem como noutras religiões – se tem desenvolvido uma profunda preocupação e uma reflexão valiosa" (parágrafo 7º) sobre a crise ambiental.

Não obstante esse cenário, as religiões podem atuar ainda mais diretamente na aplicação teológica de suas concepções a respeito da natureza. Por exemplo, no intuito de inserir os cristãos no movimento ecológico, Zwetsch (2008, p. 66) buscou destacar "a dimensão missionária que está implicada no tema da ecologia e da sustentabilidade da vida", pontuando que, "a partir de uma postura de fé, é preciso desenvolver uma espiritualidade corajosa e, ao mesmo tempo, humilde, que nos sustente numa caminhada que não se anuncia fácil ou incontroversa". Afinal, a ecologia não é somente um aspecto missiológico muitas vezes esquecido pelos cristãos, mas também é um elemento que deve ser inserido, na visão do autor, na própria prática religiosa de cada crente, em sua espiritualidade, que, segundo ele, deve ter caráter de libertação que abarque as necessidades tão evidentes hoje da natureza e do meio ambiente por meio da esperança em Jesus Cristo.

Como bem avisou Küng, a exaltação dos pontos em comum, e não tanto das diferenças, pode contribuir para uma valorização religiosa da natureza e do meio ambiente. Para Maçaneiro (2009, p. 330), "quanto à ecologia, as convergências entre visão corânica e visão bíblica", que não são poucas, "encorajam-nos a prosseguir o estudo, o intercâmbio e a ação conjunta em benefício da sustentabilidade do Planeta", fazendo do apoio religioso planetário à sustentabilidade uma possibilidade possível e, inclusive, bastante viável.

Ademais, French (2005, p. 470, tradução nossa) ressalta que, embora muitas pessoas tenham buscado identificar em suas religiões elementos que podem dar suporte à ecologia e a ações responsáveis, e tradições religiosas tenham procurado sustentar valores que contrastam com a lógica consumista do mundo, não podemos deixar de notar que "para as comunidades religiosas do mundo viverem seu potencial ecológico, devem superar partes de suas heranças que cortam a preocupação e cuidado ambiental". Além do foco nos pontos em comum, cada religião deve, dentro do possível, abandonar certas perspectivas que, em vez de favorecer a integração das religiões, acabam afastando umas das outras e, inclusive, do próprio movimento ecológico. Somente assim, de fato, as religiões mundiais poderão tornar-se verdadeiros "parceiros pela mobilização de um esforço global pela proteção dos ecossistemas da terra" (French, 2005, p. 470, tradução nossa).

A má compreensão da ideia de domínio da humanidade sobre a natureza foi utilizada, ao longo da história, para fundamentar posturas e atitudes de degradação do meio ambiente efetuadas por cristãos, que, ao lerem as Escrituras, buscaram apenas justificativas para suas ações. Por essa razão que White pode colocar a maior parte da culpa da crise ecológica nas costas do cristianismo. Embora três religiões partilhem da ideia de que Deus concedeu domínio sobre a natureza ao ser humano (French, 2005), foi o cristianismo, seguindo a crítica de White, que mais se distanciou dos valores ecológicos presentes, ao que tudo indica, na ideia original do texto, no qual domínio seria "uma questão de cultivo, de aflorar a semente, de ajudar toda a natureza a se tornar aquilo que ela deve ser" (Mathewes, 2010, p. 213, tradução nossa).

Caso a esperança escatológica cristã seja uma espera passiva em vez da prática da fé que busca "transpor fronteiras, transcender, estar em êxodo" (Moltmann, 2005, p. 34), também poderemos cair no erro de pensar o cuidado da natureza como a simples percepção de quão decrépita é a natureza corrompida pelo pecado e a mera espera da renovação desta pela ação de Cristo em sua segunda vinda (Mathewes, 2010).

Para Moltmann (2005), o desafio da Igreja cristã é assumir a responsabilidade pela esperança, e ela pode e deve incluir a responsabilidade cristã no cuidado ativo da natureza, promovendo e agindo de acordo com a futura transformação esperada em Jesus Cristo. Afinal, a escatologia cristã deve ser uma tendência que envolva renovação e transformação do presente (Moltmann, 2005). Assim, pela transformação criadora da realidade, poderemos perceber novamente a esperança cristã, que "sempre foi revolucionariamente ativa no decurso da história das ideias nas sociedades que por ela foram impregnadas" (Moltmann, 2005, p. 52).

Síntese

Neste capítulo, evidenciamos que cada religião tem uma fundamentação teológica específica, a qual pode contribuir na construção de uma proposta ética que busque valorizar e defender a natureza e o meio ambiente no contexto de crise ambiental atual.

O judaísmo apresenta essa fundamentação ecológica em sua ideia de criação, segundo a qual a natureza é obra de um Deus criador, o qual designou o ser humano como seu representante, dando-lhe domínio sobre todos os outros seres, ou seja, colocou-o como responsável por cuidar e olhar toda a criação.

O cristianismo, apesar de também ter tal ideia de criação, tende a perceber a ecologia a partir do futuro, na expectativa escatológica da volta de Jesus Cristo, a qual renovará não somente a humanidade, mas também toda a criação, estabelecendo uma nova realidade cósmica de novo céu e nova terra.

O islamismo, embora acompanhe as demais tradições abraâmicas quanto à criação, confere particular valor à água, tida como a origem de todos os seres vivos, pela qual Allah fez toda forma de ser vivo. Além disso, pelo caráter do ser humano como califa, o homem exerce papel de responsabilidade ao representar a Allah na terra.

As religiões indianas, como o hinduísmo, o budismo e o jainismo, apresentam como elemento central em suas perspectivas ecológicas o conceito de *ahimsa*, ou seja, a não violência devida aos demais seres vivos, que pode incluir os animais ou, no caso do jainismo, até mesmo algumas plantas que, para essa religião, têm alma e não devem ser mortas para não resultar em más consequências para quem comete tal ação.

ATIVIDADES DE AUTOAVALIAÇÃO

1. O princípio judaico de *Tzar Baalei Haim* carrega consigo a ideia de que o ser humano:
   A) não deve causar sofrimento desnecessário aos animais.
   B) pode aproveitar-se da natureza como quiser.
   C) difere-se dos animais por ser imagem e semelhança de Deus.
   D) é superior a todos os animais e plantas.
   E) é inferior aos animais em razão do pecado.

2. Para além do aspecto da natureza como criação divina, próprio do judaísmo, o cristianismo apresenta uma visão específica a respeito da natureza, decorrente da expectativa da volta de Jesus, que pode ser denominada:
   A) *visão fisiológica.*
   B) *visão meteriológica.*
   C) *visão escatológica.*
   D) *visão antropológica.*
   E) *visão filosófica.*

3. De qual elemento, segundo a tradição islâmica, vieram todos os seres vivos quando criados por Allah?
   A) Terra.
   B) Água.
   C) Fogo.
   D) Ar.
   E) Nenhum.

4. Qual das religiões indianas adota uma perspectiva mais extrema e radical do *ahimsa*, aplicando a não violência até mesmo a alguns tipos de plantas?
   A) Budismo.
   B) Hinduísmo.
   C) Jainismo.

D] Xintoísmo.
E] Islamismo.

5. Embora três religiões partilhem da ideia de que Deus concedeu domínio sobre a natureza ao ser humano, foi o _____, seguindo a crítica de White, que mais se distanciou dos valores ecológicos presentes, ao que tudo indica, na ideia original do texto.

A palavra que completa corretamente a lacuna da afirmação anterior é:

A] islamismo.
B] judaísmo.
C] hinduísmo.
D] cristianismo.
E] jainismo.

Atividades de aprendizagem

Questões para reflexão

1. A fim de refletir mais precisamente sobre a situação ecológica atual, pesquise quais foram os maiores desastres naturais dos últimos cinco anos no Brasil, na América Latina e no mundo.

2. Quais são os elementos que fundamentam as perspectivas ecológicas de cada uma das religiões apresentadas neste capítulo? Reflita sobre as semelhanças e as diferenças entre cada uma delas.

Atividade aplicada: prática

1. Quanto à urgência ecológica atual, pense três ações suas que, embora simples, possam contribuir com o meio ambiente. Busque, ao longo das próximas três semanas, praticar as três ações escolhidas – uma a cada semana ou mais de uma por vez.

CONSIDERAÇÕES FINAIS

Finalizamos esta obra, após tantos assuntos, textos e perspectivas, com uma última reflexão a respeito da relação entre ética e religião na vida particular das pessoas. Seja por falta de compromisso, seja por desconhecimento, muitos, apesar de se professarem religiosos, não aplicam sua religião à ética que assumem, ou ainda não permitem que a religião toque nesse campo de sua vida – como se pudéssemos, de fato, dividir a vida humana em partes ou pedaços!

Assim, cabe a cada um questionar se está agindo de acordo com sua crença. Os cristãos, por exemplo, podem indagar se não se tornaram os cristãos das manhãs dominicais, fazendo parte de um "cristianismo de domingo", como dizia Kierkegaard (citado por Heschel, 1986, p. 149, tradução nossa), buscando estabelecer limites para a influência de sua própria religião em suas vidas. Da mesma forma, aqueles que se consideram católicos não praticantes, ou ainda os evangélicos que se denominam *desigrejados* – ou seja, que afirmam sua fé, mas não abrem espaço para autoridades eclesiásticas em suas vidas –, podem refletir qual é, de fato, a razão de tal limite que se colocaram: se para não ser enquadrados em um sistema que não compartilham ou se têm medo de ser cobrados a viver aquilo que, no fundo, tomam como verdade.

Paralelamente, mesmo que frequentem igrejas e digam-se religiosos, muitas pessoas, a despeito das aparências, vivem suas vidas completamente distantes daquilo que deveriam segundo suas próprias crenças. Assim, uma grande parcela das pessoas pode estar vivendo em permanente contradição com o código moral que supostamente deveriam adotar, não raro por desconhecimento e, em outros casos, contradizendo tal código de boa vontade.

Esse tipo de situação pode decorrer do fato de que as pessoas vivem vidas morais, mas não exercem a ética, ou seja, a reflexão a respeito de como procedem e como deveriam proceder em cada questão de suas vidas. Assim, por falta de conhecimento, disposição ou intenção, podem acabar prejudicando não somente suas religiões, como maus exemplos destas, mas também a si mesmos, ficando como "cegos em um tiroteio" quando se deparam com situações de caráter ético, sem noção de direção quando sentem a pressão de ter de tomar uma decisão que ensejará consequências.

No entanto, seria possível alguém se livrar dessa situação e ter as respostas para todas as perguntas éticas possíveis? Certamente não. Contudo, é possível que uma pessoa tenha uma fundamentação ética suficiente para lhe proporcionar segurança e até mesmo paz interior. Portanto, alguém pode passar a "ver" – em nossa analogia dos "cegos em um tiroteio" – apesar de o tiroteio continuar sendo um perigo. Tal "visão" não é nenhum milagre; pode ser entendida como quando os olhos se acostumam ao escuro: a visão é possibilitada enquanto a escuridão diminui, mas não desaparece.

Do mesmo modo, é possível que alguém tenha uma boa percepção ética, porém a pessoa não deve se iludir ao pensar que vê claramente ou que não precisa de mais luz. Afinal, a ética, para além de uma reflexão, é um processo que exige uma espécie de exercício moral de quem a busca: ganha força conforme é colocada em prática, no dia a dia, na "academia" da vida.

No presente livro, apresentamos seis diferentes assuntos por meio das várias religiões. Buscamos demonstrar quantos problemas éticos derivam de assuntos centrais e estabelecem novos direcionamentos. Temos a intenção de deixar claro que a ética, embora possa ser compreendida, em linhas gerais, pelo que foi apresentado, é um processo sem fim – é uma reflexão viva, pois decorre da vida das pessoas e muda em virtude das vidas com que se envolve.

Querer trabalhar todos os temas da ética, portanto, seria simplesmente impossível, e apresentar as respostas das religiões a cada problema ético com que nos deparamos no dia a dia seria um verdadeiro trabalho de Sísifo. Por meio do que reunimos nas páginas desta obra, é possível perceber elementos centrais e perspectivas fundamentais que, em conjunto, podem servir de base para que cada pessoa, pela sua religião professa, tenha sua própria ética. A ética, mesmo que não seja completamente inabalável, nem tenha respostas prontas para todas as questões, pode ter fundamentos consideravelmente sólidos, permitindo que se viva com tranquilidade e, principalmente, com integridade, desde que se transforme tal ética em uma moral, ou seja, em algo vivenciado, praticado e incorporado.

O livro termina aqui, mas o desafio apenas começou.

REFERÊNCIAS

AGOSTINHO, Santo. **A Trindade**. São Paulo: Paulus, 1994.

AGOSTINHO, Santo. **Confissões**. São Paulo: Paulinas, 1984.

AGOSTINHO, Santo. **Confissões**. Petrópolis: Vozes, 1988.

ALCORÃO. Tradução do sentido do Nobre Alcorão para a língua portuguesa realizada por Dr. Helmi Nasr, com a colaboração da Liga Islâmica Mundial, em Makkah Nobre. Al-Madinah: Complexo do Rei Fahd para imprimir o Alcorão Nobre, 1425 [AH].

ANALAYO, B. The Mass Suicide of Monks in Discourse and *Vinaya* Literature. **Journal of the Oxford Centre for Buddhist Studies**, v. 7, p. 11-55, 2014.

ANDRADE, J. "Quando o Himalaia flui no Ganges": a influência da geografia do subcontinente indiano sobre a configuração do hinduísmo. **Interações: Cultura e Comunidade**, Uberlândia, v. 5, n. 7, p. 39-58, jan./jun. 2010.

ARISTÓTELES. **Ética a Nicômaco**. São Paulo: Atlas, 2009.

ASURMENDI, J. **O profetismo**: das origens à época moderna. São Paulo: Paulinas, 1988. (Coleção Temas Bíblicos).

BAKAR, M. H. A.; GHANI, A. H. A. Towards Achieving the Quality of Life in the Management of Zakat Distribution to the Rightful Recipients (The Poor and Needy). **International Journal of Business and Social Science**, v. 2, n. 4, p. 237-245, Mar. 2011.

BARTON, J. Ethics in Isaiah of Jerusalem. **Journal of Theological Studies**, v. 32, n. 1, p. 1-18, 1981.

BAYLY, S. **Caste, Society and Politics in India**: from the Eighteen Century to the Moderna Age. Cambridge: Cambridge University Press, 2001. (The New Cambridge History of India, IV, 3).

BERGER, P. Carisma e inovação religiosa: a localização social da profecia israelita. In: RENDTORFF, R. et al. **Profetismo**: coletânea de estudos. São Leopoldo: Sinodal, 1985. p. 86-106. (Estudos Bíblico-Teológicos, AT, 4).

BERKENBROCK, V. J. O conceito de ética no Candomblé. **Horizonte**, v. 15, n. 47, p. 905-928, 2017.

BERNAT, D. A. **Sign of the Covenant**: Circumcision in the Priestly Tradition. Atlanta: Society of Biblical Literature, 2009.

BÍBLIA. Português. **Bíblia de Jerusalém**. São Paulo: Paulus, 2013.

BÍBLIA SAGRADA. Tradução Almeida Corrigida e Revisada Fiel (ACRF). São Paulo: Sociedade Bíblica Trinitariana do Brasil, 2007.

BÍBLIA SAGRADA. Tradução Almeida Revista e Atualizada (ARA). 2 ed. Barueri: Sociedade Bíblica do Brasil, 2009.

BÍBLIA SAGRADA: nova versão internacional (NVI) — Antigo e Novo Testamentos. Traduzida pela comissão de tradução da Sociedade Bíblica Internacional. 2. ed. com concordância. 2. reimpr. São Paulo: Vida, 2014.

BÍBLIA SAGRADA: nova versão transformadora (NVT). São Paulo: Mundo Cristão, 2016.

BIRD, M. F. **Crossing over Sea and Land**: Jewish Missionary Activity in the Second Temple Judaism. Peabody: Hendrickson Publishing, 2010.

BLEICH, J. D. Judaism and Animal Experimentation. In: YAFFE, M. D. (Ed). **Judaism and Environmental Ethics**: a Reader. Lanham: Lexington Books, 2001a. p. 333-370.

BLEICH, J. D. Survey of Recente Halakhic Periodical Literature. **Tradition: a Journal of Orthodox Jewish Thought**, v. 21, n. 3, p. 80-90, Fall 1984.

BLEICH, J. D. Vegetarianism and Judaism. In: YAFFE, M. D. (Ed). **Judaism and Environmental Ethics**: a Reader. Lanham: Lexington Books, 2001b. p. 371-383.

BOFF, L. **Jesus Cristo libertador**: ensaio de cristologia crítica para o nosso tempo. 3. ed. Petrópolis: Vozes, 1972.

BOFF, L. **O destino do homem e do mundo**: ensaio sobre a vocação humana. 2. ed. rev. e ampl. Petrópolis: Vozes, 1973.

BOFF, L. **O Pai Nosso**: a oração da libertação integral. Petrópolis: Vozes, 1997.

BOYARIN, D.; BOYARIN, J. Diaspora: Generation and the Ground of Jewish Identity. **Critical Inquiry**, v. 19, n. 4, p. 693-725, 1993.

BROCKOPP, J. E. Islam and Bioethics: Beyond Abortion and Euthanasia. **Journal of Religious Ethics**, v. 36, n. 1, p. 3-12, 2008.

BROCKOPP, J. E. Taking Life and Saving Life: the Islamic Context. In: BROCKOPP, J. E. (Ed.). **Islamic Ethics of Life**: Abortion, War and Euthanasia. Columbia: University of South Carolina Press, 2003. p. 1-19. (Studies in Comparative Religion).

BRUEGGEMANN, W. **A imaginação profética**. São Paulo: Paulinas, 1983. (Coleção Temas Bíblicos).

BRUEGGEMANN, W. **A terra na Bíblia**: dom, promessa e desafio. São Paulo: Paulinas, 1986. (Coleção Temas Bíblicos).

BUBER, M. **Eu e tu**. 2. ed. rev. São Paulo: Cortez & Moraes, 1979.

BULTMANN, R. **Jesus**. São Paulo: Teológica, 2005.

BULTMANN, R. O mandamento cristão do amor ao próximo (1930). In: BULTMANN, R. **Crer e compreender**: ensaios selecionados. São Leopoldo: Sinodal, 2001. p. 107-122.

BURBANO, M. O profeta Amós e os direitos humanos. **Convergência**, ano 43, n. 417, p. 741-750, dez. 2008.

CAMPOS, P. C. O pressuposto da ética na preservação do meio ambiente: breve história sobre origens e conceitos do Movimento Ambientalista. **Alceu**, v. 8, n. 16, p. 19-51, jan./jun. 2008.

CARDINI, F. Guerra e Cruzada. In: LE GOFF, J.; SCHMITT, J.-C. (Org.). **Dicionário temático do Ocidente medieval**. Bauru: Edusc, 2006. p. 473-487. v. I.

CHEREM, Y. *Jihad*: duas interpretações contemporâneas de um conceito polissêmico. **Campos**, v. 10, n. 2, p. 83-99, 2009.

CHILTON, B. Jesus, the Golden Rule, and Its Application. In: NEUSNER, J.; CHILTON, B. (Ed.). **The Golden Rule**: the Ethics of Reciprocity in World Religions. London: Continuum, 2008. p. 76-87.

CHO, F. Ritual. In: SCHWEIKER, W. (Ed.). **The Blackwell Companion to Religious Ethics**. Malden: Blackwell, 2005. (Blackwell Companions to Religions). p. 86-93.

CHOURAQUI, A. **Os homens da Bíblia**. São Paulo: Companhia das Letras, 1990.

CHUWA, L. T. **African Indigenous Ethics in Global Bioethics**: Interpreting Ubuntu. New York: Springer, 2014. (Advancing Global Bioethics, v. 1).

CLARK, K. J. (Ed.). **Abraham's Children**: Liberty and Tolerance in an Age of Religious Conflict. New Haven/London: Yale University Press, 2012.

COELHO FILHO, I. G. **A ética dos profetas para hoje**. São Paulo: Exodus, 1997. (Descubra Agora).

COHEN, S. J. D. **From the Maccabees to the Mishnah**. 2. ed. Louisville: Westminster John Knox Press, 2006.

CONFUCIUS. **The Analects of Confucius**. Translated by Burton Watson. New York: Columbia University Press, 2007.

CORDEIRO, H. D. A moralidade da possessão e do uso de armas nucleares. **Estudos Teológicos**, v. 27, n. 1, p. 17-28, 1987.

COTTINGHAM, J. O papel de Deus na filosofia de Descartes. In: BROUGHTON, J.; CARRIERO, J. (Org.). **Descartes**. Porto Alegre: Penso, 2011. p. 283-295.

CSIKSZENTMIHALYI, M. A. The Golden Rule in Confucianism. In: NEUSNER, J.; CHILTON, B. (Ed.). **The Golden Rule**: the Ethics of Reciprocity in World Religions. London: Continuum, 2008. p. 157-169.

DALAI LAMA XIV [BSTAN'-DZIN-RGYA-MTSHO]. **Uma mente profunda**: o cultivo da sabedoria na vida cotidiana. São Paulo: M. Fontes, 2013.

DAVIS, J. J. **Evangelical Ethics**: Issues facing the Church today. 2. ed. New Jersey: P. & R. Publishing, 1993.

DAVIS, J. **Peace, War and You**. New York: H. Schuman, 1952.

DAVIS, R. H. A Hindu Golden Rule, in Context. In: NEUSNER, J.; CHILTON, B. (Ed.). **The Golden Rule**: the Ethics of Reciprocity in World Religions. London: Continuum, 2008. p. 146-156.

DE LIBERAL, M. M. C. A religião como fonte da ética: revisitando alguns paradigmas. **Revista Portuguesa de Ciência das Religiões**, ano 1, n. 2, p. 65-68, 2002.

DE VAUX, R. **Instituições de Israel no Antigo Testamento**. São Paulo: Vida Nova, 2008.

DEIGH, J. **An Introduction to Ethics**. Cambridge: Cambridge University Press, 2010.

DELHEY, M. Views on Suicide in Buddhism: Some Remarks. In: ZIMMERMANN, M.; HO, C. H.; PIERCE, P. (Ed.). **Buddhism and Violence**. Lumbini: Lumbini International Research Institute, 2006. p. 25-63. (LIRI Seminar Proceedings Series, 2).

DEMANT, P. **O mundo muçulmano**. São Paulo: Contexto, 2004.

DI NAPOLI, R. B. O intuicionismo moral e os dilemas morais. **Dissertatio**, v. 35, p. 79-98, 2012.

DONIGER, W. **On Hinduism**. Oxford: Oxford University Press, 2014.

DOYLE II, T. E. **The Ethics of Nuclear Weapons Dissemination**: Moral Dilemmas of Aspiration, Avoidance and Prevention. London: Routledge, 2015. (War, Conflict and Ethics).

ELASS, M. A. Four Jihads. **Christian History**, n. 74, 2002.

ESPOSITO, J. L. **Unholy War**: Terror in the Name of Islam. Oxford: Oxford University Press, 2002.

FAO – Food and Agriculture Organization. **El estado de la seguridad alimentaria y la nutrición en el mundo**: fomentando la resiliencia climática en aras de la seguridad alimentaria y la nutrición. Roma, 2018.

FOLEY, J. P.; PASTORE, P. **Ética da publicidade**. Cidade do Vaticano, Festa da Cátedra de São Pedro Apóstolo, 22 fev. 1997. Disponível em: <https://www.vatican.va/roman_curia/pontifical_councils/pccs/documents/rc_pc_pccs_doc_22021997_ethics-in-ad_po.html>. Acesso em: 4 ago. 2020.

FRANKENA, W. **Ética**. 3. ed. Rio de Janeiro: Zahar, 1981.

FRENCH, W. Ecology. In: SCHWEIKER, W. (Ed.). **The Blackwell Companion to Religious Ethics**. Malden: Blackwell, 2005. p. 469-476. (Blackwell Companions to Religions).

FREUD, S. **O mal-estar na civilização**. São Paulo: Penguin Classics/ Companhia das Letras, 2011.

G1. Secretário da Defesa do Sri Lanka renuncia após série de atentados. **Portal G1**, 25 abr. 2019. Disponível em: <https://g1.globo.com/mundo/noticia/2019/04/25/secretario-da-defesa-do-sri-lanka-renuncia-apos-serie-de-atentados.ghtml>. Acesso em: 4 ago. 2020.

GAMPIOT, A. M. **Kimbanguism**: an African Understanding of the Bible. University Park: The Pennsylvania State University Press, 2017. (Signifying (on) Scriptures).

GEISLER, N. L. **Ética cristã**: alternativas e questões contemporâneas. São Paulo: Vida Nova, 1991.

GENSLER, H. J. **Ethics and the Golden Rule**. New York/London: Routledge, 2013.

GLASMAN, J. B. de. O tempo na cosmovisão judaica. **Revista Mirabilia**, v. 11, p. 280-295, jun./dez. 2010.

GONÇALVES, F. Era o ateu que mais praticava o amor ao próximo, diz viúva de Ricardo Boechat. **Portal G1**, São Paulo, 12 fev. 2019. Disponível em: <https://g1.globo.com/sp/sao-paulo/noticia/2019/02/12/era-o-ateu-que-mais-praticava-o-amor-ao-proximo-diz-viuva-de-ricardo-boechat.ghtml>. Acesso em: 4 ago. 2020.

GONZÁLEZ, J. L. **Breve dicionário de teologia**. São Paulo: Hagnos, 2009.

GONZÁLEZ, J. L. **E até os confins da terra**: uma história ilustrada do cristianismo. São Paulo: Vida Nova, 2011. v. 1: A era dos mártires.

GONZÁLEZ, J. L. **Economia e fé no início da era cristã**. São Paulo: Hagnos, 2015.

GORDIS, D. Jewish Reflection. In: THISTLETHWAITE, S. B. (Ed.). **Interfaith Just Peacemaking**: Jewish, Christian, and Muslim Perspectives on the New Paradigm of Peace and War. New York: Palgrave MacMillan, 2012. p. 70-74.

GORDON, M. **Conhecendo o Islã**: origens, crenças, práticas, textos sagrados, lugares sagrados. Petrópolis: Vozes, 2009.

GRENZ, S. **A busca da moral**: fundamentos da ética cristã. São Paulo: Vida, 2006.

GROSS, A. S. Jewish Animal Ethics. In: DORFF, E. N.; CRANE, J. K. (Ed.). **The Oxford Handbook of Jewish Ethics and Morality**. Oxford: Oxford University Press, 2013. p. 419-432.

GRUDEM, W. **Teologia sistemática**. São Paulo: Vida Nova, 2009.

GRUEN, E. S. **Diaspora**: Jews amidst Greeks and Romans. Cambridge/London: Harvard University Press, 2004.

HAMDY, K. **Islamic Perspectives on Natural Resources Management and Sustainability**. Corvallis: Oregon State University, 2000.

HAMMADEH, S. J. H. Uma visão do Islã. **Revista Caminhos de Diálogo**, ano 2, n. 2, p. 79-87, jan./jul. 2014.

HAMMAN, A. **Manual da oração cristã**. São Paulo: Paulinas, 1992.

HARRELSON, W. **Os dez mandamentos e os direitos humanos**. São Paulo: Paulinas, 1987. (Coleção Temas Bíblicos).

HARRIS, M. India's Sacred Cow. **Human Nature**, p. 200-210, Feb. 1978.

HARTZ, P. **Baha'i Faith**. 3. ed. New York: Chelsea House Publishers, 2009. (World Religions).

HARVEY, P. **An Introduction to Buddhist Ethics**: Foundations, Values and Issues. Cambridge: Cambridge University Press, 2000.

HASHMI, S. H.; LEE, S. P. (Ed.). **Ethics and Weapons of Mass Destruction**: Religious and Secular Perspectives. Cambridge: Cambridge University Press, 2004. (The Ethikon Series in Comparative Ethics).

HENRIQUES, M. C. Descartes e a possibilidade da ética. **Revista Gepolis: Revista de Filosofia e Cidadania**, v. 5, p. 43-52, 1998.

HESCHEL, A. J. **A passion for Truth**. Toronto: Collins Publishers, 1986.

HOMERIN, Th. E. Altruism in Islam. In: NEUSNER, J.; CHILTON, B. (Ed.). **Altruism in World Religions**. Washington: Georgetown University Press, 2005. p. 67-87.

HOMERIN, Th. E. The Golden Rule in Islam. In: NEUSNER, J.; CHILTON, B. (Ed.). **The Golden Rule**: the Ethics of Reciprocity in World Religions. London: Continuum, 2008. p. 99-115.

HOURDEQUIN, M. Tradition and Morality in the Analects: a Reply to Hansen. **Journal of Chinese Philosophy**, v. 31, n. 4, p. 517-533, Dec. 2004.

HOWARD, T. A. (Ed.). *Imago Dei*: Human Dignity in Ecumenical Perspective. Washington: Catholic University of America Press, 2013.

IDEL, M. Enoch is Metatron. **Immanuel**, v. 24/25, p. 220-240, 1990.

JACOBSON, D. Marriage: Women in India. In: HAWLEY, J. S.; NARAYANAN, V. (Ed.). **The Life of Hinduism**. Berkeley: University of California Press, 2006. p. 63-75. (The Life of Religion).

JAEGER, W. **Cristianismo primitivo e paideia grega**. Lisboa: Edições 70, 2002. (Perfil: História das Ideias e do Pensamento, v. 6).

JAMIESON, D. **Ethics and Environment**: an Introduction. Cambridge: Cambridge University Press, 2008.

JEREMIAS, J. **A mensagem central do Novo Testamento**. São Paulo: Paulinas, 1986. (A Palavra Viva).

JEREMIAS, J. **As parábolas de Jesus**. 10. ed. São Paulo: Paulus, 2007.

JEREMIAS, J. **Jerusalém no tempo de Jesus**: pesquisa de história econômico-social no período neotestamentário. São Paulo: Paulus, 1983. (Nova Coleção Bíblica, v. 16).

JEREMIAS, J. **O sermão da montanha**. 6. ed. São Paulo: Paulinas, 1988. (A Palavra Viva).

JEREMIAS, J. **Teologia do Novo Testamento**: a pregação de Jesus. 3. ed. São Paulo: Paulinas, 1984.

JONES, C. A.; RYAN, J. D. (Ed.). **Encyclopedia of Hinduism**. New York: Facts on File, 2007. (Encyclopedia of World Religions).

JUNGES, J. R. Repensar a visão criacionista: cristianismo e ecologia. **Revista Pistis & Práxis**, v. 1, n. 2, p. 355-369, jul./dez. 2009.

KAISER JR., W. C. **O cristão e as questões éticas da atualidade**: um guia bíblico para a pregação e ensino. São Paulo: Vida Nova, 2015.

KANG, S.-M. **Divine War in the Old Testament and in the Ancient Near East**. Berlin/New York: Walter de Gruyter, 1989. (Beiheft zur Zeitschrift für die alttestamentliche Wissenschaft, 177).

KAPLAN, K. J. Suicide and Suicide Prevention: Greek versus Biblical Perspectives. **Omega – Journal of Death and Dying**, v. 24, p. 227-239, 1992.

KAPLAN, K. J.; SCHWARTZ, M. B. **A Psychology of Hope**: a Biblical Response to Tragedy and Suicide. Grand Rapids/Cambridge: Eerdmans, 2008.

KASULIS, T. P. Cultural Differentiation in Buddhist Ethics. In: SCHWEIKER, W. (Ed.). **The Blackwell Companion to Religious Ethics**. Malden: Blackwell Publishing, 2005. p. 297-311. (Blackwell Companions to Religion).

KEOWN, D. **Buddhist Ethics**: a Very Short Introduction. Oxford: Oxford University Press, 2005. (Very Short Introductions).

KHALID, F. Islam and the Environment. In: MUNN, T. et al. (Ed.). **Encyclopedia of Global Environmental Change**. Chichester: John Wiley & Sons, 2002. p. 332-339. v. 5.

KING, G. B. The "Negative" Golden Rule. **The Journal of Religion**, v. 8, n. 2, p. 268-279, Apr. 1928.

KING, S. B. Self-Immolation, Buddhist. In: JOHNSTON, W. M. (Ed.). **Encyclopedia of Monasticism**. Chicago/London: Fitzroy Dearborn, 2000. p. 1.143-1.144. v. 2.

KINOUCHI, R. R. Notas introdutórias ao pragmatismo clássico. **Scientiae Studia**, v. 5, n. 2, p. 215-226, 2007.

KLEMZ, S. A ética cristã e o suicídio assistido. **Vox Scripturae**, v. 20, n. 2, p. 7-91, 2012.

KLOSTERMAIER, K. **A Concise Encyclopedia of Hinduism**. Oxford: OneWorld, 2003.

KLOSTERMAIER, K. O Hinduísmo e a busca pelo *moksa*. **IHU On-line**, Revista do Instituto Humanitas Unisinos, São Leopoldo, n. 309, ano 9, 28 set. 2009. Entrevista.

KNIBB, M. A. Life and Death in the Old Testament. In: CLEMENTS, R. E. (Ed.). **The World of Ancient Israel**: Sociological, Anthropological and Political Perspectives. Cambridge: Cambridge University Press, 1989. p. 395-415.

KNOTT, K. **Hinduism**: a Very Short Introduction. Oxford: Oxford University Press, 1998.

KOCH, K. **The Prophets**: the Babylonian and Persian Periods. Philadelphia: Fortress Press, 1984. v. 2.

KOCHMANN, S. O lugar da mulher no judaísmo. **Rever: Revista de Estudos da Religião**, n. 2, p. 35-45, 2005.

KÜNG, H. **Projeto de ética mundial**: uma moral ecumênica em vista da sobrevivência humana. São Paulo: Paulinas, 1993. (Teologia Hoje).

KÜNG, H. **Projeto de ética mundial**: uma moral ecumênica para a sobrevivência humana. São Paulo: Paulinas, 1998.

KURIAKOSE, K. K. **Nonviolence**: the Way of the Cross. Camarillo: Xulon Press, 2004.

LA TAILLE, Y. de. **Moral e ética**: dimensões intelectuais e afetivas. Porto Alegre: Artmed, 2007.

LARIGUET, G. Intuicionismo y razonamiento moral. **Derecho PUCP**, n. 79, p. 127-150, 2017.

LAU, D. C. T. **Confucius**: the Analects. London: Penguin Books, 1979.

LE GOFF, J. **O Deus da Idade Média**: conversas com Jean-Luc Pouthier. 2. ed. Rio de Janeiro: Civilização Brasileira, 2010.

LEVASSEUR, T.; PETERSON, A. (Ed.). **Religion and Ecological Crisis**: the "Lynn White Thesis" at Fifty. London: Routledge, 2016. (Routledge Studies in Religion).

LEVINE, B. A. The Golden Rule in Ancient Israelite Scripture. In: NEUSNER, J.; CHILTON, B. (Ed.). **The Golden Rule**: The Ethics of Reciprocity in World Religions. London: Continuum, 2008. p. 9-25.

LEWIS, B. **A crise do Islã**: guerra santa e terror profano. Rio de Janeiro: J. Zahar, 2004.

LEWIS, B. **Os assassinos**: os primórdios do terrorismo no Islã. Rio de Janeiro: J. Zahar, 2003.

LEWIS, C. S. **Cristianismo puro e simples**. São Paulo: M. Fontes, 2005a.

LEWIS, C. S. **Os quatro amores**. São Paulo: M. Fontes, 2005b.

LIPPIELLO, T. A Confucian Adage for Life: Empathy (*shu*) in the Analects. In: MALEK, R.; CRIVELLER, G. (Ed.). **Light a Candle**: Encounters and Friendship with China. Festschrift in Honour of Angelo Lazzarotto P.I.M.E. Sankt Augustin: Monumenta Serica, 2010. p. 73-97.

LONGMAN III, T. **Como ler Gênesis**. São Paulo: Vida Nova, 2009.

LOVIN, R. W. Moral Theories. In: SCHWEIKER, W. (Ed.). **The Blackwell Companion to Religious Ethics**. Malden: Blackwell Publishing, 2005. p. 19-26. (Blackwell Companions to Religion).

LOWERY, R. H. **Os reis reformadores**. São Paulo: Paulinas, 2004.

LUIZ, G. Após 21 anos de discussão, Igreja anglicana libera casamento homoafetivo no Brasil. **Portal G1**, Distrito Federal, 10 jun. 2018. Disponível em: <https://g1.globo.com/df/distrito-federal/noticia/apos-21-anos-de-discussao-igreja-anglicana-libera-casamento-homoafetivo-no-brasil.ghtml>. Acesso em: 4 ago. 2020.

LUTERO, M. **Obras selecionadas**: interpretação do Novo Testamento — Mateus 5-7 – 1 Coríntios 15 – 1 Timóteo. São Leopoldo: Sinodal, 2005. v. 9.

MAÇANEIRO, M. A paz em perspectiva judaica, cristã e muçulmana: valores e estratégias. **Caminhos**, v. 11, n. 1, p. 67-84, 2013.

MAÇANEIRO, M. Ecologia no Islam: leitura corânica e perspectivas atuais. **Revista Lusófona de Ciência das Religiões**, ano 8, n. 15, p. 321-330, 2009.

MAÇANEIRO, M. Em nome de Deus, clemente e compassivo: semântica e teologia da *basmallah* muçulmana. **Revista de Cultura Teológica**, ano 22, n. 84, p. 232-248, jul./dez. 2014a.

MAÇANEIRO, M. Natureza e gestão Ambiental na tradição muçulmana: uma leitura do *hadith* de Al-Bukhari. **Saeculum: Revista de História**, v. 30, p. 177-190, jan./jun. 2014b.

MACCOBY, H. Kiddush ha-Shem. **European Judaism: A Journal for the New Europe**, v. 18, n. 1, p. 31-34, Winter 1984/1985.

MAIRE, G. **Platão**. Lisboa: Edições 70, 1986. (Biblioteca Básica de Filosofia).

MALIK, B. A. Philanthropy in Practice: Role of Zakat in the Realization of Justice and Economic Growth. **International Journal of Zakat**, v. 1, n. 1, p. 64-77, 2016.

MALINA, B. J. **O evangelho social de Jesus**: o reino de Deus em perspectiva mediterrânica. São Paulo: Paulus, 2004. (Bíblia e Sociologia).

MANSON, T. W. **Ética e o Evangelho**. São Paulo: Fonte, 2010.

MARCHADOUR, A. **Morte e vida na Bíblia**. São Paulo: Paulinas, 1985.

MARCONDES, D. **Textos básicos de ética**: de Platão a Foucault. Rio de Janeiro: Zahar, 2017.

MARLOW, H. **Biblical Prophets and Contemporary Environmental Ethics**: Re-Reading Amos, Hosea and First Isaiah. Oxford: Oxford University Press, 2009.

MARTIN-ACHARD, R. **Da morte à ressurreição segundo o Antigo Testamento**. Santo André: Academia Cristã, 2015.

MATHEWES, C. **Understanding Religious Ethics**. Malden: Wiley-Blackwell, 2010.

MATOS, A. S. de. Islã e tolerância: discurso apologético e realidade histórica. **Fides Reformata**, v. 20, n. 1, p. 61-88, 2015.

MCCOLLOUGH, C. **The Non-Violent Radical**: Seeing and Living the Wisdom of Jesus. Eugene: Wipf and Stock, 2012.

MCFARLAND, I. A. **The Divine Image**: Envisioning the Invisible God. Minneapolis: Augsburg Fortress, 2005.

MCGRATH, A. E. **Teologia sistemática, histórica e filosófica**: uma introdução à teologia cristã. São Paulo: Shedd, 2005.

MEEKS, W. A. **As origens da moralidade cristã**: os dois primeiros séculos. São Paulo: Paulus, 1997. (Bíblia e Sociologia).

MIRANDA, V. "Quando a guerra é santa": considerações em torno do sectarismo religioso de Qumran. **Via Teológica**, v. 1, n. 15, p. 37-46, jun. 2007.

MISCHE, P.; MERKLING, M. (Org.). **Desafio para uma civilização global**: diálogo de culturas e religiões. Lisboa: Instituto Piaget, 2001.

MOLTMANN, J. **O caminho de Jesus Cristo**: cristologia em dimensões messiânicas. São Paulo: Academia Cristã, 2009.

MOLTMANN, J. **Teologia da esperança**: estudos sobre os fundamentos e as consequências de uma escatologia cristã. 3. ed. São Paulo: Teológica/Loyola, 2005.

MOMEN, M. **The Bahá'í Faith**: a Beginner's Guide. Oxford: Oneworld Publications, 2008. (Beginner's Guide).

MORAES, E. A. R. de. As religiões mundiais e a ética biocêntrica. **Atualidade Teológica**, ano 15, n. 39, p. 555-568, set./dez. 2011.

MORRA, G. **Filosofia para todos**. São Paulo: Paulus, 2001. (Filosofia).

MUNIR, M. Suicide Attacks and Islamic Law. **International Review of the Red Cross**, v. 90, n. 869, p. 71-89, 2008.

MURAD, A. Fé cristã e ecologia: o diálogo necessário. **Perspectiva Teológica**, v. 40, p. 229-242, 2008.

NASR, S. H. O significado espiritual de *Jihad*. In: BARTHOLO, R.; CAMPOS, A. **Islã**: o credo é a conduta. Rio de Janeiro: Imago/Iser, 1990. p. 269-273.

NENGEAN, I. *Imago Dei* **as the** *Imago Trinitatis*: Jürgen Moltmann's Doctrine of the Image of God. New York: Peter Lang, 2013. (American University Studies).

NEUSNER, J. **A rabbi talks with Jesus**. Montreal/Kingston/London/Ithaca: McGill-Queen's University Press, 2001.

NEUSNER, J. Preface. In: NEUSNER, J.; CHILTON, B. (Ed.). **The Golden Rule**: the Ethics of Reciprocity in World Religions. London: Continuum, 2008. p. XI-XII.

NEUSNER, J.; AVERY-PECK, A. J. Altruism in Classical Judaism. In: NEUSNER, J.; CHILTON, B. (Ed.). **Altruism in World Religions**. Washington: Georgetown University Press, 2005. p. 31-52.

NEUSNER, J.; CHILTON, B. (Ed.). **The Golden Rule**: the Ethics of Reciprocity in World Religions. London: Continuum, 2008.

NIETO, E. M. **O Pai Nosso**: a oração da utopia. São Paulo: Paulinas, 2001.

NIETZSCHE, F. **Além do bem e do mal**: prelúdio de uma filosofia do futuro. Petrópolis: Vozes, 2012. (Vozes de Bolso).

NIETZSCHE, F. **Genealogia da moral**: uma polêmica. São Paulo: Companhia das Letras, 2013.

NORTHCOTT, M. S. Ecology and Christian Ethics. In: GILL, R. (Ed.). **The Cambridge Companion to Christian Ethics**. Cambridge: Cambridge University Press, 2005. p. 209-227.

NYE JR., J. S. **Nuclear Ethics**. New York: The Free Press; London: Collier Macmillan, 1986.

OLIVEIRA, A. N. de. **Deus na criação**: abordagem ecológica e trinitária na teologia de Jürgen Moltmann. Belo Horizonte, 202 f. Dissertação

(Mestrado em Teologia) – Faculdade Jesuíta de Filosofia e Teologia, Belo Horizonte, 2007.

OLIVELLE, P. Food and Dietary Rules. In: OLIVELLE, P.; DAVIS JR., D. R. (Ed.). **Hindu Law**: a New History of Dharmaśāstra. Oxford: Oxford University Press, 2018. p. 189-196. (The Oxford History of Hinduism).

ORLOV, A. A. **From Apocalypticism to Merkabah Mysticism**: Studies in the Slavonic Pseudepigrapha. Leiden: Brill, 2002. (JSJSupp 114).

OWIREDU, C. **Blood and Life in the Old Testament**. 200 f. Tese (Doutorado em Filosofia) – Universidade de Durham, Durham, 2004.

PAIS APOSTÓLICOS. Tradução Almiro Pisetta. São Paulo: Mundo Cristão, 2017.

PAPA FRANCISCO. **Laudato Si'**. Carta encíclica. Disponível em: <http://www.vatican.va/content/francesco/pt/encyclicals/documents/papa-francesco_20150524_enciclica-laudato-si.html>. Acesso em: 4 ago. 2020.

PEREIRA FILHO, G. Virtude e conhecimento em *As Leis*. **Archai**, Brasília, n. 12, p. 97-106, jan./jun. 2014.

PESSINI, L. A eutanásia na visão das maiores religiões: budismo, islamismo, judaísmo e cristianismo. In: DE BARCHIFONTAINE, C. de P.; PESSINI, L. (Org.). **Bioética**: alguns desafios. 2. ed. São Paulo: Loyola; Centro Universitário São Camilo, 2002. p. 261-280.

PIAGET, J. **O juízo moral na criança**. São Paulo: Summus, 1994.

PIAGET, J. **Seis estudos da psicologia**. 24. ed. Rio de Janeiro: Forense Universitária, 1999.

PONDÉ, L. F. **O catolicismo hoje**. São Paulo: Benvirá, 2011. (Para Entender).

PONRAJ, S. D. **Compreendendo o hinduísmo**. São José dos Campos: Inspire, 2012.

PRABHUPĀDA, A. C. B. S. **O Bhagavad Gītā como ele é**. São Paulo: Fundação Bhaktivedanta, 1985.

PRANDI, R. **Os candomblés de São Paulo**. São Paulo: Huicitec-Edusp, 1991.

PRANDI, R. **Segredos guardados**. São Paulo: Companhia das Letras, 2005.

PRECIADO SOLÍS, B. El Hinduismo. **Revista Mexicana de Ciencias Políticas y Sociales**, Ciudad de México, v. 37, n. 147, p. 75-85, 1992.

PRESSER, E. Morte aos criminosos? O problema da pena de morte. **Estudos Teológicos**, v. 3, p. 2-10, 1963.

QUIGLEY, D. On the Relationship between Caste and Hinduism. In: FLOOD, G. (Ed.). **The Blackwell Companion to Hinduism**. Oxford: Blackwell Publishing, 2003. p. 495-508. (Blackwell Companions to Religion).

RAO, C. V. Os direitos dos animais e ecologia: uma perspectiva a partir do Antigo Testamento. **Estudos Teológicos**, v. 51, n. 2, p. 213-233, 2011.

RATNARAJ, B. J. **The Significance of the Concept of Imago Dei for the Theology of Human Rights in the Writings of Jürgen Moltmann**. 204 f. Dissertação (Mestrado em Teologia) – Serampore College, Calcutta, 2003.

RATZINGER, J. **Jesus de Nazaré, primeira parte**: do batismo no Jordão à transfiguração. São Paulo: Planeta do Brasil, 2007.

RAWLS, J. **Teoría de la justicia**. Ciudad de México: Fundo de Cultura Económica, 2003.

REALE, G. **Aristóteles**. São Paulo: Loyola, 2007. (História da Filosofia Grega e Romana, v. IV).

REALE, G. **O saber dos antigos**: terapia para os tempos atuais. 2. ed. São Paulo: Loyola, 2002. (Leituras Filosóficas).

REDE, M. Imagem da violência e violência da imagem: guerra e ritual na Assíria (séculos IX-VII a.C.). **Varia História**, v. 34, n. 64, p. 81-121, jan./abr. 2018.

REIMER, H. A festa dos pândegos: sobre o comer e beber no livro de Amós. **Estudos Teológicos**, v. 49, n. 2, p. 344-355, jul./dez. 2009.

REINHART, A. K. Origins of Islamic Ethics: Foundations and Constructions. In: SCHWEIKER, W. (Ed.). **The Blackwell Companion to Religious Ethics**. Malden: Blackwell, 2005. p. 244-253. (Blackwell Companions to Religions).

REISS, M. Adam: Created in the Image and Likeness of God. **Jewish Bible Quarterly**, v. 39, n. 3, p. 181-187, 2011.

RENOU, L. **Hinduísmo**. Rio de Janeiro: Zahar, 1964. (Biblioteca de Cultura Religiosa).

RHEES, R. (Ed.). **Ludwig Wittgenstein**: Personal Recollections. Oxford: Oxford University Press, 1984.

ROSA, E. E. G. da; GUSSO, A. R. O pão nosso de cada dia ou de amanhã? A resposta do Reino de Deus ao problema da falta de pão. In: GUSSO, A. R.; RUPPENTHAL NETO, W. (Org.). **Em busca do significado**: pesquisas nas áreas de história e prática da leitura da Bíblia. Curitiba: Núcleo de Publicações Fabapar, 2015. p. 7-34.

ROSNER, F. Suicide in Biblical, Talmudic and Rabbinic Writings. **Tradition: A Journal of Orthodox Jewish Thought**, v. 11, n. 2, p. 25-40, Summer 1970.

ROSSI, L. A. S. A importância do conceito de justiça e direito na construção da vocação profética. **Caminhos**, v. 11, n. 1, p. 38-53, jan./jun. 2013.

ROSSI, L. A. S. A justiça como desejo de Deus: leituras no profeta Jeremias. **Caminhos**, v. 16, n. 2, p. 15-24, jul./dez. 2018a.

ROSSI, L. A. S. **Os profetas**: vocação para a liberdade e solidariedade. São Paulo: Paulus, 2018b. (O Mundo da Bíblia, v. 2).

ROSSI, L. A. S. *Pax Assyriaca*: sem vitória não há paz. **Caminhos**, v. 7, n. 1, p. 11-27, jan./jun. 2009.

RUPPENTHAL NETO, W. Entre a vida e a morte: o conceito de *nefesh* e as ideias de vida e morte no Antigo Testamento. **Práxis Evangélica**, v. 28, p. 63-78, 2017a.

RUPPENTHAL NETO, W. O brilho de Moisés, Adão e Jesus: Êxodo 34.29-30 e uma tradição Judaica. **Revista Jesus Histórico**, v. 10, n. 18, p. 133-146, 2017b.

RUPPENTHAL NETO, W. O conceito de *nefesh* no Antigo Testamento. **Vox Scripturae**, v. 24, n. 1, p. 31-53, 2016a.

RUPPENTHAL NETO, W. O mandamento de amar ao próximo como a si mesmo: limites, possibilidades e reflexões. **Teologia e Espiritualidade**, n. 6, p. 164-178, maio 2016b.

RUPPENTHAL NETO, W. Violência contra si mesmo como sacrifício: o suicídio de Razis em 2 Macabeus 14.37-46. **Unitas – Revista Eletrônica de Teologia e Ciências das Religiões**, v. 6, n.1, p. 137-147, jan./ago. 2018.

RUPPENTHAL NETO, W.; FRIGHETTO, R. Um símbolo da diferença: pertença, violência e resistência na circuncisão judaica. **Estudos Teológicos**, São Leopoldo, v. 57, n. 2, p. 426-443, jul./dez. 2017.

RUTH RABBAH. **Sefaria**. Disponível em: <https://www.sefaria.org/Ruth_Rabbah?lang=bi>. Acesso em: 4 ago. 2020.

RYNNE, T. J. **Gandhi and Jesus**: the Saving Power of Nonviolence. New York: Orbis Books, 2008.

SANDEL, M. J. **O que o dinheiro não compra**. Rio de Janeiro: Civilização Brasileira, 2018.

SANDERS, E. P. **The Question of Uniqueness in the Teaching of Jesus**: the Ethel M. Wood Lecture 15 February 1990. London: The University of London, 1990.

SCANZONI, J. H. Poverty. In: HENRY, C. F. H. (Ed.). **Baker's Dictionary of Christian Ethics**. Grand Rapids: Baker Academic, 1973. p. 519.

SCHAEFER, J. **Theological Foundations for Environmental Ethics**: Reconstructing Patristic and Medieval Concepts. Washington: Georgetown University Press, 2009.

SCHEIBLE, K. The Formulation and Significance of the Golden Rule in Buddhism [I]. In: NEUSNER, J.; CHILTON, B. (Ed.). **The Golden Rule**: The Ethics of Reciprocity in World Religions. London: Continuum, 2008. p. 116-128.

SCHILLEBEECKX, E. **História humana**: revelação de Deus. São Paulo: Paulus, 1994.

SCHUBERT, K. **Os partidos religiosos hebraicos do período neotestamentário**. São Paulo: Paulinas, 1979.

SHEMESH, Y. Suicide in the Bible. **Jewish Bible Quarterly**, v. 37, n. 3, p. 157-168, 2009.

SICRE, J. L. **Profetismo em Israel**: o profeta, os profetas, a mensagem. 2. ed. Petrópolis: Vozes, 2002.

SILVA, C. M. D. da. Quem são as "vacas de basã"? **Perspectiva Teológica**, v. 42, p. 241-246, 2010.

SMITH, P. **A Concise Encyclopedia of the Bahá'í Faith**. Oxford: Oneworld Publications, 2002.

SOUSA, R. F. de. O discurso profético da Bíblia hebraica e a ética contemporânea: novas tendências e aproximações. **Horizonte**, v. 15, n. 47, p. 929-948, 2017.

SOUZA, J. N. **Imagem humana à semelhança de Deus**: proposta de antropologia teológica. São Paulo: Paulinas, 2010.

STELLA, J. B. **As religiões da Índia**. São Paulo: Imprensa Metodista, 1971.

STONE, S. L. The Jewish Law of War: the Turn to International Law and Ethics. In: HASHMI, S. H. (Ed.). **Just Wars, Holy Wars, and Jihads**: Christian, Jewish, and Muslim Encounters and Exchanges. Oxford: Oxford University Press, 2012. p. 342-363.

STRABELI, M. **Subsídios para uma leitura franciscana da Bíblia**. Piracicaba: Centro Franciscano de Espiritualidade, 1993.

SULLIVAN, B. M. **Historical Dictionary of Hinduism**. Lanham: Scarecrow Press, 1997. (Historical Dictionaries of Religions, Philosophies, and Movements, v. 13).

TAEBI, B.; ROESER, S. (Ed.). **The Ethics of Nuclear Energy**: Risk, Justice, and Democracy in post-Fukushima Era. Cambridge: Cambridge University Press, 2015.

TALMUD BAVLI: The William Davidson Talmud. **Sefaria**. Disponível em: <https://www.sefaria.org/texts/Talmud>. Acesso em: 4 ago. 2020.

TEIXEIRA, E. F. B. **A educação do homem segundo Platão**. São Paulo: Paulus, 1999. (Filosofia).

THE ROYAL AAL AL-BAYT INSTITUTE FOR ISLAMIC THOUGHT. **Jihad and the Islamic Law of War**. Jordan, 2009. (MABDA English Series Book, v. 3).

THISTLETHWAITE, S. B. (Ed.). **Interfaith Just Peacemaking**: Jewish, Christian, and Muslim Perspectives on the New Paradigm of Peace and War. New York: Palgrave MacMillan, 2012.

TOYNBEE, A. J.; IKEDA, D. **Choose Life**: a Dialogue. London/Kuala Lumpur/Melbourne: Oxford University Press, 1976.

TSHIBANGU, T.; ADE AJAYI, J. F.; SANNEH, L. Religião e evolução social. In: MAZRUI, A. A.; WONDJI, C. (Ed.). **História geral da África, VIII**: África desde 1935. Brasília: Unesco, 2010. p. 605-629.

TULL, P. K. Consumerism, Idolatry, and Environmental Limits in Isaiah. In: BAUTCH, R. J.; HIBBARD, J. T. (Org.). **The Book of Isaiah**: Enduring Questions Answered Anew. Grand Rapids: Eerdmanns, 2014. p. 196-213.

UDANAVARGA. **University of Oslo**. Faculty of Humanities. Disponível em: <https://www2.hf.uio.no/polyglotta/index.php?page=record&vid=71&mid=208435>. Acesso em: 4 ago. 2020.

VERGNIÈRES, S. **Ética e política em Aristóteles**: *physis, ethos, nomos*. São Paulo: Paulus, 1999.

VEYNE, P. **Quando nosso mundo se tornou cristão**: 312-394. 2. ed. Rio de Janeiro: Civilização Brasileira, 2011.

VIEIRA, J. P. O discurso da justiça em Jeremias 1-5: profetismo, realeza e crítica social. **Cultura: revista de história e teoria das ideias**, v. 30, p. 77-88, 2012.

VOLF, M. Christianity and Violence. In: HESS, R. S.; MARTENS, E. A. (Ed.). **War in the Bible and Terrorism in the Twenty-First Century**. Winona Lake: Eisenbrauns, 2008. p. 1-17. (Bulletin for Biblical Research Supplements, v. 2).

VOLPI, F. **O niilismo**. São Paulo: Loyola, 1999. (Leituras Filosóficas).

VON HARNACK, A. **O que é cristianismo?** São Paulo: Reflexão, 2014.

VON SINNER, R. Quem decide sobre o fim da vida? **Estudos Teológicos**, v. 53, n. 2, p. 282-296, 2013.

WAINWRIGHT, W. J. Religion and Morality. In: LANGERMANN, Y. T. (Ed.). **Monotheism & Ethics**: Historical and Contemporary Intersections among Judaism, Christianity, and Islam. Leiden; Boston: Brill, 2012. p. 45-58. (Studies on the Children of Abraham, 2).

WALLWORK, E. Thou Shalt Love Thy Neighbour as Thyself: the Freudian Critique. **The Journal of Religious Ethics**, v. 10, n. 2, p. 264-319, Fall 1982.

WALZER, M. The Ethics of Warfare in the Jewish Tradition. **Philosophia**, v. 40, p. 633-641, 2012.

WATTLES, J. Levels of Meaning in the Golden Rule. **The Journal of Religious Ethics**, v. 15, n. 1, p. 106-129, Spring 1987.

WATTLES, J. **The Golden Rule**. New York/Oxford: Oxford University Press, 1996.

WEBER, M. **A ética protestante e o espírito do capitalismo**. São Paulo: Companhia das Letras, 2010.

WEBER, M. **Ensaios de sociologia**. 3. ed. Rio de Janeiro: Zahar, 1982.

WEBER, M. **The Religion of India**: the Sociology of Hinduism and Buddhism. Glencoe: The Free Press, 1958.

WESTCOAT JR., J. L. Muslim contributions to Geography and Environmental Ethics: the Challenges of Comparison and Pluralism. In: LIGHT, A.; SMITH, J. M. (Ed.). **Philosophy and Geography I**: Space, Place, and Environmental Ethics. Lanham/Boulder/New York/London: Rowman & Littlefield Publishers, 1997. p. 91-116.

WILLS, R. W. **Martin Luther King Jr. and the Image of God**. New York/Oxford: Oxford University Press, 2009.

WILSON, B.; IKEDA, D. **Human Values in a Changing World**: a Dialogue on the Social Role of Religion. Secausus: Lyle Stuart, 1987.

WILSON, J. Q. **The Moral Sense**. New York: Free Press, 1997.

WILSON, R. R. **Profecia e sociedade no antigo Israel**. 2. ed. rev. São Paulo: Targumim/Paulus, 2006.

WOLFF, H. W. **Antropologia do Antigo Testamento**. São Paulo: Hagnos, 2007.

WOLPE, D. Strangers in the Land of the Free. **The Atlantic**, 31 Jan. 2017. Disponível em: <https://www.theatlantic.com/politics/archive/2017/01/iranian-jews-immigration/515241/>. Acesso em: 4 ago. 2020.

WRIGHT, C. J. H. **Deuteronomy**. Peabody: Hendrickson, 1996. (New International Biblical Commentary).

ZILLES, U. **Filosofia da religião**. 8. ed. São Paulo: Paulus, 2010. (Filosofia).

ZILLES, U. Projeto de uma ética mundial. **Teocomunicação**, v. 37, n. 156, p. 223-229, 2007.

ZINBARG, E. D. **Fé, moral e dinheiro**. São Paulo: Paulus, 2002.

ZINGANO, M. **As virtudes morais**. São Paulo: WMF Martins Fontes, 2013. (Filosofias: O Prazer do Pensar).

ZWETSCH, R. Ecologia e espiritualidade: uma reflexão missiológica. **Estudos Teológicos**, ano 48, n. 1, p. 64-82, 2008.

BIBLIOGRAFIA COMENTADA

GRENZ, S. **A busca da moral**: fundamentos da ética cristã. São Paulo: Vida, 2006.
Nesse livro, Grenz demonstra ter tanto um conhecimento teológico respeitável quanto um igualável domínio da filosofia e da ética. Ao mesmo tempo, apesar da profundidade dos temas, consegue abordar o conteúdo de maneira profunda e simples. De fato, por ter sido professor de Teologia e Ética no Carey Theological College, em Vancouver, Canadá, desenvolveu a habilidade de tornar reflexões filosóficas mais palatáveis e compreensíveis por meio de exemplos práticos e de uma linguagem acessível. Mesmo assim, em razão da natureza do assunto, não deixa de ser uma leitura densa.

KAISER JR., W. C. **O cristão e as questões éticas da atualidade**: um guia bíblico para a pregação e ensino. São Paulo: Vida Nova, 2015.
Ainda que apresente caráter marcadamente apologético e, inclusive, de sermão, essa obra contribui imensamente para a reflexão da ética da religião cristã e, em menor medida, da religião judaica, pela análise que o autor realiza, em muitos momentos, do Antigo Testamento, área de concentração principal de suas pesquisas. Embora seja quase uma pregação ao leitor – e, de fato, contempla esboços de sermões ao longo do livro –, fundamenta-se muito bem teológica e logicamente, estabelecendo construções de ideias que abrem a mente daquele que vier a ler a obra. Divide-se em 18 capítulos, e cada qual trata de uma questão ética específica, reunindo de forma bastante didática os preceitos teológicos fundamentais,

um texto-base, um esboço de sermão, uma bibliografia para pesquisa e reflexões muito mais profundas que se poderia imaginar quando falamos em um guia para a pregação e o ensino.

KÜNG, H. **Projeto de ética mundial**: uma moral ecumênica em vista da sobrevivência humana. São Paulo: Paulinas, 1993. (Teologia Hoje).

Esse livro é um projeto do teólogo Hans Küng a respeito de uma ética mundial, tendo em vista a importância da paz entre as religiões para a paz do mundo. Apesar de breve, como o autor lembra em sua introdução, é um livro com uma longa história anterior, a qual inclui um extenso desenvolvimento de ideias por parte de Küng sobre a necessidade de uma proposta ética para a humanidade, cujo resultado culminante é o livro. A obra apresenta as necessidades de uma ética global, além de indicar um caminho de estabelecimento dessa ética segundo as religiões e como proposta para estas. O livro, portanto, é essencial para a compreensão da ideia de ética mundial de Küng, assim como é importantíssimo para todo aquele que pretende pensar a possibilidade de uma ética que leve em conta as religiões e que também busque construir-se pelas suas semelhanças em detrimento de suas diferenças.

MANSON, T. W. **Ética e o Evangelho**. São Paulo: Fonte, 2010.

Trata-se de um livro breve, mas bastante iluminador para aquele que quer refletir a respeito das implicações éticas do Novo Testamento e do Evangelho pregado pelos cristãos. O autor, que era professor de Exegese na Universidade de Manchester, na Inglaterra, esbanja conhecimento bíblico, transitando do Antigo para o Novo Testamento, realizando importantes análises contextuais do judaísmo e do cristianismo e trazendo reflexões que fazem com que o livro esteja longe de ser simples. É uma leitura que, apesar de rápida, pode envolver certo tempo de estudo para o devido entendimento.

ZINBARG, E. D. **Fé, moral e dinheiro.** São Paulo: Paulus, 2002. Apesar de este livro não ser tão recente, com a edição original de 2001, traz uma excelente abordagem da forma como as diferentes religiões tratam a relação entre fé, moral e dinheiro. Entre as religiões apresentadas, a mais bem trabalhada no livro é o judaísmo, do qual o autor tem um conhecimento prático, por ser de origem judaica. No entanto, não deixa a desejar quanto às perspectivas cristã, hindu, budista e confucionista, tratando inclusive da diferença entre católicos e protestantes, apesar de enfatizar mais o aspecto interpretativo. A abordagem da terceira parte da obra, dividida em temáticas, e não por religião, facilita a leitura e torna o livro fluido, o que impede que seja visto como um manual ou coisa semelhante. É, antes, uma reflexão profunda e direcionada de alguém que buscou conhecer a fundo as respostas que as religiões dão para os diversos problemas éticos que surgem em nosso contexto financeiro atual, incluindo as relações de compra e venda, as relações profissionais e as relações internacionais.

RESPOSTAS

Capítulo 1
1. c
2. a
3. e
4. d
5. b

Capítulo 2
1. b
2. e
3. a
4. d
5. c

Capítulo 3
1. e
2. c
3. c
4. d
5. a

Capítulo 4
1. b
2. c
3. d
4. a
5. d

Capítulo 5
1. b
2. c
3. b
4. d
5. a

Capítulo 6
1. a
2. c
3. b
4. c
5. d

SOBRE O AUTOR

Willibaldo Ruppenthal Neto é doutorando em História pela Universidade Federal do Paraná (UFPR), mestre em História pela UFPR, graduado (bacharelado e licenciatura) em História também pela UFPR e bacharel em Teologia pelas Faculdades Batista do Paraná (Fabapar). Atualmente, é professor nas Fabapar e membro discente do Núcleo de Estudos Mediterrânicos (Nemed) da UFPR. Também é pastor de adolescentes na Igreja Batista em Lindoia, na cidade de Curitiba.

Os papéis utilizados neste livro, certificados por instituições ambientais competentes, são recicláveis, provenientes de fontes renováveis e, portanto, um meio sustentável e natural de informação e conhecimento.

FSC
www.fsc.org
MISTO
Papel produzido a partir de fontes responsáveis
FSC® C057341

Impressão: Log&Print Gráfica & Logística S.A.
Julho/2021